シリーズは新たなシーズンへ！

肢体不自由教育実践
授業力向上シリーズ No.11

Society5.0で
実現する社会を見据えた
肢体不自由教育

監修：菅野 和彦 文部科学省初等中等教育局視学官
（併）特別支援教育課特別支援教育調査官

編著：全国特別支援学校肢体不自由教育校長会

GIGAスクール構想と支援機器等の活用による教育実践

ジアース教育新社

授業力向上シリーズ「第2シーズン」の始まりです

　全国特別支援学校肢体不自由教育校長会（以下、全肢長と記します）が平成25年から編集、発行を続けてきた授業力向上シリーズが、いよいよ11冊目を迎えました。10年を一区切りとするならば、ここからは第2シーズンが始まるとも言えます。今号は「Society5.0で実現する社会を見据えた肢体不自由教育 〜GIGAスクール構想と支援機器等の活用による教育実践〜」と題し、新しいシーズンにふさわしい先駆的な理論と実践を紹介しています。

　第1部では文部科学省初等中等教育局視学官（併）特別支援教育課特別支援教育調査官の菅野和彦先生、独立行政法人国立特別支援教育総合研究所上席総括研究員（兼）研修事業部長の吉川知夫先生、帝京大学教授の金森克浩先生にご執筆いただきました。いずれもご多忙な先生方であられますが、未来志向のこのテーマに応じて、国の方向性、研究の動向、その意味や価値、といったことを解説いただきました。心より感謝申し上げます。

　現代はすでに私たちの生活の中に様々なテクノロジーの成果が浸透し、人がこうしたい、こうあったらよい、と願うことを実現してくれる技術が開発されています。今までできなかったことが、できるようになる。このことに胸ときめかせ、希望をもって挑戦していくことは教育の喜びに通ずるものであると私は思います。殊に、さまざまな学習上、生活上の困難をかかえる肢体不自由のある児童生徒にとって、技術を活用すれば「できる」ことは大いに勇気づけられることであり、学校は率先して取り組む姿勢で臨むべきでしょう。第1部を読まれた方は、きっとその可能性に魅了されると思います。

　第2部では、「やってみた」「できた！」という各地の実践報告を掲載しています。第2シーズンである今号は、できるだけ「鮮度のよい」情報を掲載したいもの、と考えて令和5年の6月末から7月中旬という短い期間に情報をお寄せいただきました。情報収集の呼びかけに真っ先に応えてくださったのが、熊本県立苓北支援学校の小田浩三校長先生でした。それを皮切りに、あっという間に全国から70件近い御報告をいただきました。実は、集約期間を過ぎてから寄せられた情報もあったのですが、いずれにせよ全件掲載とはいかないことをご容赦ください。編集委員会としては、このエネルギーをぜひ全肢研（全国肢体不自由教育研究協議会）や各地区の研究協議会でも発揮していただきたい、と願っています。

　22編の実践報告を読むと、ひとつのアイデアでこんなこともできる、とか、組み合わせることで広がりが増す、といった、ワクワクするような実践が全国各地にあふれていることが伝わることと思います。今号でも、編集協力の先生方に実践の整理と有効なポイント

をまとめたコメントをいただきました。筑波大学教授の川間健之介先生、横浜国立大学教授の徳永亜希雄先生、日本体育大学教授の長沼俊夫先生、文教大学准教授の北川貴章先生には引き続きのご協力をお願いし、新たに国立特別支援教育総合研究所から研修事業部主任研究員の藤本圭司先生、情報・支援部主任研究員の織田晃嘉先生にコメントをいただいています。編集協力の先生方の分析や「こうすれば、もっと良くなりますよ！」と改善点を見いだす視点が示されることで、授業を多面的に検討することの面白みが増すものと思っています。

　第２部から読み始めた方も、授業事例を一通りお読みになった後は、第１部に立ち返ってご覧ください。実践の位置付けや目的の理解がいっそう深まることと思います。そして、施策や研究を背景に、自分であればこの授業にはこうコメントしたい、という心持ちで再び第２部を読んでいただければ、居ながらにして全国各地の研究授業に参加しているかのように感じられることでしょう。

　昨年の『授業力向上シリーズNo.10「学びの連続性を目指す授業づくり」』の巻頭で私は「時にそれは人々の心に暗い影を差しこんでいます。そのような世相であるからこそ、できることを見出し、補い、克服していく肢体不自由教育の姿勢が、人々の光となるのではないでしょうか。」と記しました。今年、令和５年５月は新型コロナウイルスの感染症法上の位置付けが５類に移行となりました。当初の戸惑いはあったものの、社会活動は確実に動き始めました。学校教育活動でも――感染防止の注意や配慮はあったとしても――全国的な制限といった最悪の事態からは脱却しています。加えて、感染対策が最も苦しい時期に工夫し、努力して獲得したICTに関するスキルを新しい学校の日常の中で大いに発揮できる環境になってきています。５年前には限られた人々しか使っていなかったWeb会議は、今や学校では日常の光景になりました。アンケートや参加票提出の依頼などは、入力フォームのURLを案内することが当たり前になりました。回収されたデータがダイレクトに一覧表化される便利さに気付いた方もたくさんおられるはずです。学校のレディネスはかつてないほどに高まっているのです。今号で紹介しているデジタル教科書の活用や、プログラミング教材の活用も、必ず近いうちに多くの教員がその有用性を実感し、さらに優れた活用法が広まっていくことでしょう。本書がその一役を担い、学校の後押しができたら光栄です。

　「やった！」「できた！」「分かった！」という喜びはかけがえのないものです。児童生徒にその喜びを生起させるのは、教員の使命です。Society5.0で実現する社会を生きる児童生徒の未来を信じてこの教育を進めていきましょう。

全国特別支援学校肢体不自由教育校長会

会長　　伴　　　光明

目　次

第1部

理論及び解説編

❶ 新しい時代の肢体不自由教育における ICT の活用への期待

文部科学省初等中等教育局視学官
（併）特別支援教育課特別支援教育調査官　菅野　和彦

はじめに

　人工知能（AI）、ビッグデータ、IoT（Internet of Things）、ロボティクスといった技術が発展したSociety5.0時代の到来により、社会は大きな変化を迎えています。

　この新しい時代を担う子供たちにとって、日常生活の中でICT（情報通信技術）を用いることは、当たり前となり、新たな時代のスタンダードとなっています。こうした社会を迎えつつある今、肢体不自由のある児童生徒一人一人の学びにおいても、個々の身体機能や認知機能に応じて、ICTや支援機器等を効果的に活用できるようにすることが、不可欠となっています。

　このような中、全国の肢体不自由特別支援学校においては、積極的に適切な補助具や補助的手段を工夫しながら、コンピュータ等の端末を活用して各教科等を学んだり、児童生徒の意思の表出やコミュニケーションを支えたりして、一人一人の学びの充実に向けた実践を積み上げてきました。このことは、毎年行われる全国肢体不自由教育研究協議会をはじめ、各地区の研究協議会の分科会テーマになっていることことからもわかります。

　特に、GIGAスクール構想の加速化を踏まえ、学校教育におけるICTの活用に向けた取組や環境整備の状況は、新型コロナウイルス感染症拡大への対応とも重なり、これまでとは別次元のスピードで進化しています。各学校においては、この進化を主体的に受け止め、学校教育の新たな姿を目指し、授業の中で活用していくことが求められています。

　本稿においては、新しい時代に生きていく肢体不自由のある児童生徒の将来を見据えつつ、中央教育審議会答申『「令和の日本型学校教育」の構築を目指して〜全ての子供たちの可能性を引き出す、個別最適な学びと、協働的な学びの実現〜』（以下、「答申」とする）や、学習指導要領において示された資質・能力の育成を着実に進め、ICTを最大限活用しながら、「日本型学校教育」の良さを受け継ぎ、更に発展させる、新しい時代の学校教育について解説するとともに、今後への期待を述べます。なお、教育のICT化とGIGAスクール構想の実現については、本シリーズNo. 8を参照してください。

1 中央教育審議会「令和の日本型学校教育」の構築を目指して
～全ての子供たちの可能性を引き出す、個別最適な学びと、協働的な学びの実現～

（1）2020年代を通じて実現すべき「令和の日本型学校教育」の姿

　答申では、子供たちの多様化、教師の長時間勤務による疲弊、情報化の加速度的な進展、少子高齢化・人口減少、感染症等の直面する課題を乗り越え、Society5.0時代を見据えた取組を進める必要があることが示されています。

　そして、これらの取組を通じ一人一人の児童生徒が、自分のよさや可能性を認識するとともに、あらゆる他者を価値のある存在として尊重し、多様な人々と協働しながら様々な社会的変化を乗り越え、豊かな人生を切り拓き、持続可能な社会の創り手となることができるよう、その資質・能力を育成することが求められています。

　これらを実現していくためには、我が国の学校教育の蓄積である「日本型学校教育」の良さを受け継ぎながら更に発展させ、学校における働き方改革とGIGAスクール構想を強力に推進しながら学習指導要領を着実に実施することが重要となります。

　また、答申では、2020年代を通じて実現すべき令和の日本型学校教育の姿として、子供の学び、教職員の姿、子供の学びや教職員を支える環境の３点が示されています。

　教職員の姿では、

> ・環境の変化を前向きに受け止め、教職生涯を通じて学び続けている。
> ・子供一人一人の学びを最大限に引き出す教師としての役割を果たしている。
> ・子供の主体的な学びを支援する伴走者としての能力も備えている。

　このように、Society5.0時代を見据えつつ、教師には急激な社会の変化を前向きに捉え、教師自らも研修等により学び続け、これまでの授業を振り返り、新しい時代の学校教育を標榜しながら、日々の授業改善や教育活動の充実を図っていくことが求められています。

　また、子供一人一人の学びを最大限に引き出し、主体的な学びを支援していくためには、個々の肢体不自由による学習上又は生活上の困難を主体的に改善・克服するための自立活動を要とした個に応じた指導の充実が重要となります。

　各学校においては、自立活動の時間の指導はもとより、各教科等との密接な関連を保ち、個別の指導計画に基づいた指導の重要性を改めて認識していただきたいと思います。その上で、子供視点からの「個別最適な学び」と「協働的な学び」を一体的に充実させ、子供たちの可能性を引き出す「令和の日本型学校教育」の姿を目指していくことを理解していただければと思います。

（2）「令和の日本型学校教育」の構築に向けたICTの活用に関する基本的な考え方
① 学校教育の質の向上に向けたICTの活用

　答申では、「令和の日本型学校教育」を実現するためには、学校教育の基盤的なツールとしてICTは必要不可欠なものであり、これまでの実践とICTとを最適に組み合わせるこ

とで、これからの学校教育を大きく変化させ、様々な課題を解決し、教育の質の向上につなげていくことが必要であることが示されています。

　また、答申に盛り込まれた教育課程部会における審議のまとめにある、今後の教育課程の在り方についてでは、急激に変化する時代において、学習指導要領に示された資質・能力の育成を着実に進めることが重要であり、そのためには新たに学校における基盤的なツールとなるICTも最大限活用しながら、「日本型学校教育」の良さを受け継ぎ、更に発展させる、新しい時代の学校教育の実現が重要であることが示されています。

　このように、未来の社会を見据え、児童生徒の資質・能力を育成するに当たっては、学習指導要領に基づいた児童生徒の資質・能力の育成に向けて、GIGAスクール構想によるICT環境を最大限活用し、これまで以上に「個別最適な学び」と「協働的な学び」を一体的に充実させ、主体的・対話的で深い学びの実現に向けた授業改善につなげながら、カリキュラム・マネジメントの取組を一層進め、児童生徒の資質・能力の育成に向けた教育活動の充実（図１）が求められています。

新学習指導要領とGIGAスクール構想の関係

図1　児童生徒の資質・能力の育成に向けた教育活動の充実

② 　遠隔・オンライン教育を含むICTを活用した学びの在り方について

　答申では、これからの学校教育を支える基盤的なツールとして、ICTは必要不可欠なものであり、１人１台の端末環境を生かし、端末を日常的に活用していく必要があることや、ICTを利用して空間的・時間的制約を緩和することによって、他の学校・地域や海外との交流なども含め、今までできなかった学習活動が可能となることが示されています。

　肢体不自由特別支援学校においては、新型コロナウイルス感染拡大の以前より、遠隔合

同授業が一部の学校で実施されていました。その後、令和元年度全国特別支援学校肢体不自由教育研究協議会八戸大会では、遠隔合同による授業が公開されました。さらには、令和2年度からは、筑波大学附属桐が丘特別支援学校において、少人数での授業での課題解決の一つの方法として「遠隔合同授業マッチングサイト」を開設し、遠隔合同授業を行いたい学校同士を繋げ授業の活性化を図る取組が展開されてきました。

　特に、準ずる教育課程で学ぶ児童生徒が減少している中で、子供同士の協働により、自己の考えを広げることや、問題を見いだして解決策を考えたりするなど、質の高い学びを実現させていくための効果的な指導方法の一つといえます。その際、肢体不自由のある児童生徒は、身体の動きに困難があることから、様々なことを体験する機会が不足したまま、言葉や知識を習得していることが少なくありません。そのことにより、言葉を知っていても意味の理解が不十分であったり、概念が不確かなまま用語や数字を使ったりするなど、基礎的な概念の形成に偏りが生じている場合があります。このような知識や言語概念等の不確かさは、各教科の学びを深める活動全般に影響することから、授業改善を通して考えたことや感じたことを表現する学習活動により、不確かな知識等を確かなものにしながら、思考力、判断力、表現力等の育成を図り、学びを深められるよう肢体不自由のある児童生徒の特性等に配慮した質の高い授業実践が重要となります。

2　「GIGA StuDX 推進チーム」の取組

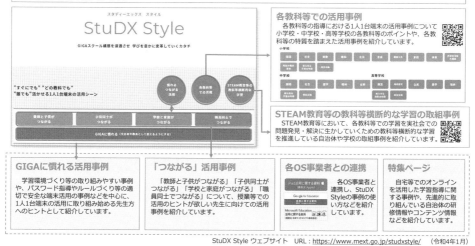

StuDX Style ウェブサイト　URL：https://www.mext.go.jp/studxstyle/　（令和4年1月）

図2　特設ウェブサイト「StuDX Style」

文部科学省では、GIGAスクール構想に伴う１人１台端末及び高速大容量通信ネットワーク環境の積極的な活用を促進するため、「GIGA StuDX（ギガスタディエックス）推進チーム」を設置し、全国の教育委員会・学校に対する支援活動を展開しています。

　特設ウェブサイト「StuDX Style」（図２）では、１人１台端末の活用事例を紹介しています。「端末が整備され、何からはじめればよいのか」「どのようなことから指導をすればよいのか」といった初歩的な「慣れる・つながる活用事例」を掲載しています。掲載事例には、各教科等での活用事例の他に、特別支援学校等を含めたどの学校種でも活用できるような汎用的な実践事例も掲載しています。

図３　動画紹介サイト

　また、令和５年４月には、先進的に端末活用に取り組んでいる学校での授業等を取材した動画「１人１台端末で学校が変わる！」（図３）を「文部科学省／ mextchannel」にて公開しています。各20分程度の内容で、有識者の解説、１人１台端末を活用した授業の様子、教師が意図や思いを語ったインタビュー、児童生徒へのインタビュー等、豊富な内容になっています。ぜひ、教員研修等で活用していただき、小学校等の実践を参考にしながら特別支援教育における授業実践を期待しています。

３｜肢体不自由校への期待

（１）ICT環境を最大限に生かす

　学校におけるICT環境の整備とその全面的な活用は、学校の組織文化にも大きな影響を与え得るものと考えられます。例えば、紙という媒体の利点や必要性は失われない一方で、デジタルを利用する割合は増えていくことが想定される中、学校図書館における図書等の既存の学校資源の活用や充実を含む環境整備の在り方、校務の在り方、保護者・地域との連携の在り方が考えられます。

　現在、肢体不自由特別支援学校の中には、言語活動や探究活動の場として、主体的・対話的で深い学びの実現に向けた授業改善を図りながら、学校図書館を積極的に活用している学校が多くあり、中には書籍の貸出、返却をバーコードで管理している学校もあります。今後は、それらの管理データを個別最適な学びの視点から、例えば、貸出書籍の履歴をクラウドに保管し、１人１台端末等からアクセスできるようにし、AIを活用しながら、自己の興味・関心の傾向を把握するなど、子供一人一人が自己調整しながら学習を進めていく、学習の個性化も促進される可能性を秘めています。また、授業で活用した絵本や資料

を各教科等の指導計画と連動させ、それらをデータ化し、検索することなども想定されます。

　各学校には、肢体不自由のある児童生徒一人一人の障害の状態等に応じた言語活動や探究活動の充実に向け、学校図書館の更なる活用等の取組に期待しています。

（2）生活の質（Quality Of Life：QOL）の向上と創造性ある教育活動

　肢体不自由のある児童生徒のICTの活用においては、各教科等の学びの他にICTの活用が情報をやり取りすることに留まらず、将来の社会参画を促進し、生涯にわたって、生活の質（Quality Of Life：QOL）を大きく向上させることにもつながる可能性を秘めています。特に、肢体不自由のある児童生徒の日常生活においては、何かを実現させるために、人に支援のお願いをすることが少なくありません。しかし、ICT端末と家電製品をつないだIoTにより、例えば、自分一人でテレビやエアコンの電源を入れたり、音量や温度の調整をしたりすることもできます。また、カーテンの開け閉めをしたりすることも可能となっています。

　また、産学連携や大学等との連携により、例えば、AR（Augmented Reality：拡張現実）を活用して、産業現場等における実習に役立てたり、農福連携により、農業用ロボットを活用したりした学習活動が展開されています。

　このように、自立と社会参加に向け、ICT等の環境を最大限に活用し、各教科等の資質・能力の育成に留まらず、Society5.0時代の到来による社会の変化を前向きに受け止め、チャレンジと創造性を働かせた教育活動の充実を期待しています。

おわりに

　肢体不自由校におけるICTの活用に当たっては、一人一人の障害の状態等に応じたICT等端末と支援機器や補助具等が必要となります。そのため、まずはICT等端末をどのように活用するのかに関する実践事例が多くなります。しかし、これからは、重複障害のある児童生徒も含め、それらを基盤に各教科等における資質・能力等の育成のための効果的な指導実践を蓄積していくことが重要と考えています。

　本シリーズを含め、今後も全国の先生方のきらりと光る発想力と創造力の結集により、多くの実践を期待しています。そして、特別支援教育におけるフロントランナーとして、肢体不自由教育から多くの実践事例を発信していきましょう。

　結びに、「Society5.0における変化は、我々が受動的に対応するものだけではない。AI等が本格的に普及していく中で、教育や学びの在り方に変革をもたらすだろう。（省略）AIやビッグデータ等の先端技術が、学びの質を加速度的に充実するものになる世界：Society5.0における学校（「学び」の時代）が間もなく到来する。」（平成30年6月5日「Society5.0に向けた人材育成に係る大臣懇談会～新たな時代を豊かに生きる力の育成に関する省内タスクフォース～」より抜粋）

肢体不自由教育における
ICT 活用の現状と展望

国立特別支援教育総合研究所
上席総括研究員（兼）研修事業部長　吉川　知夫

はじめに

　肢体不自由教育においては、これまでも障害特性から身体の動きや意思の表出の状態等に応じた補助具や補助的手段の工夫、コンピュータ等のICT機器などを活用した指導が展開されてきました。

　GIGAスクール構想においては、「1人1台端末と、高速大容量の通信ネットワークを一体的に整備することで、特別な支援を必要とする子供を含め、多様な子供たちを誰一人取り残すことなく、公正に個別最適化され、資質・能力が一層確実に育成できる教育ICT環境を実現する。」また、「これまでの我が国の教育実践と最先端のICTのベストミックスを図ることにより、教師・児童生徒の力を最大限に引き出す。」とされています（文部科学省, 2019）。

　令和3年1月に取りまとめられた「新しい時代の特別支援教育の在り方に関する有識者会議 報告」では、「ICTは、障害の有無を問わず、子供が主体的に学ぶために有用なものであるとともに、特別な支援を必要とする子供に対しては、その障害の状態や特性及び心身の発達の段階等に応じて活用することにより、各教科等の学習の効果を高めたり、障害による学習上又は生活上の困難を改善・克服するための指導に効果を発揮したりすることができる重要なものである。また、合理的配慮を提供するに当たっても必要不可欠なものとなりつつある。」と、特別支援教育におけるICT利活用の意義と基本的な考え方が示されています。また、「「令和の日本型学校教育」の構築を目指して〜全ての子供たちの可能性を引き出す、個別最適な学びと、協働的な学びの実現〜（答申）」（中央教育審議会, 2021a）においては、Society5.0時代の到来等、急激に変化する社会的背景からも、これからの学校教育を支える基盤的なツールとして、ICTの活用が必要不可欠であることが示されています。

1 特別支援教育における ICT の活用

（1）特別支援教育におけるICT活用の視点

　学習指導要領では、学習の基盤となる資質・能力として、情報活用能力が位置づけられました。学習指導要領において示された資質・能力の育成を着実に進めることが重要であり、そのためには新たに学校における基盤的なツールとなるICTも最大限活用しながら、多様な子供たちを誰一人取り残すことなく育成する「個別最適な学び」と、子供たちの多様な個性を最大限に生かす「協働的な学び」の一体的な充実が図られることが求められるとされています（中央教育審議会，2021b）。

　文部科学省（2020a）は、特別支援教育におけるICT活用の視点として、以下の2つの視点を示しています。

> 視点1：教科指導の効果を高めたり、情報活用能力の育成を図ったりするために、ICTを活用する視点
>
> 視点2：障害による学習上又は生活上の困難さを改善・克服するために、ICTを活用する視点

　視点1は、教科等又は教科等横断的な視点に立った資質・能力であり、障害の有無や学校種を超えた共通の視点です。視点2は、自立活動の視点であり、特別な支援が必要な児童生徒に特化した視点としており、各教科及び自立活動の授業において、個々の実態等に応じて実施するものとしています。これらの視点を踏まえて、個々に応じたICTの効果的な活用を進めていく必要があります。

（2）ICT活用を推進するために必要な観点

　国立特別支援教育総合研究所が令和3年度～4年度に実施した重点課題研究「ICT 等を活用した障害のある児童生徒の指導・支援に関する研究」では、特別支援教育におけるICTを活用した教育を推進するための取組に関するガイドブックを作成しています。その中で、ICT活用を推進するためのプロセスモデル（推進マップ）を示しています（図1）。この推進マップでは、ICT活用を推進するために必要な観点として、ICT活用実践（授業）、ICT教育の推進方針、校内体制、環境整備の4つの大項目を示しています。その上で、ICT活用実践（授業）として、ICTを活用した授業のポイント、ICT教育の推進方針として組織的な実践の推進、校内体制として全ての教員のための研修、環境整備としてコンセプトと整備の仕方など、8つの中項目を示しています。さらに、19の小項目を示し、推進マップに示されている各項目のチェックリストが用意されています（図2）。このチェックリストを用いて、自校のICTを活用した教育の現在の状況や、今後重点的に取り組む必要があること、その具体的な方策を検討できるように工夫されています。

　それぞれの取組や工夫の相互の関連性や、つながりを押さえながら、自校のICTを活用した教育の推進について考える際の参考として活用できます。

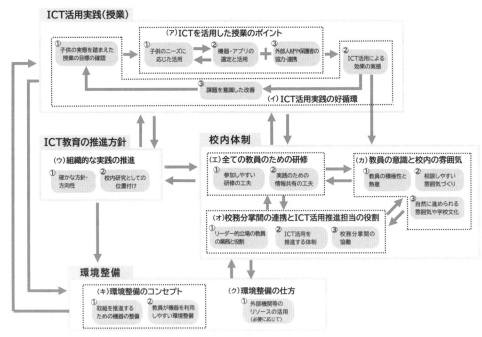

図１　ICT を活用した教育のための推進マップ（国立特別支援教育総合研究所，2023）

特別支援学校におけるICT活用を推進するために必要な観点
チェックリスト

【チェックをした日にち】
年　月　日
（氏名　　　　）

Ⅰ. 自校の状況把握

大項目	中項目	小項目	できている	どちらともいえない	できていない	重点的に取り組む必要がある
ICT活用実践（授業）	（ア）ICTを活用した授業のポイント	①子供のニーズに応じた活用				
		②機器・アプリの選定と活用				
		③外部人材や保護者の協力				
	（イ）ICT活用実践の好循環	①子供の実態を踏まえた授業の目標の確認				
		②ICT活用による効果の実感				
		③課題を意識した改善				
ICT教育の推進方針	（ウ）組織的な実践の推進	①確かな方針・方向性				
		②校内研究としての位置付け				
校内体制	（エ）全ての教員のための研修	①参加しやすい研修の工夫				
		②実践のための情報共有の工夫				
	（オ）校務分掌間の連携と ICT活用推進担当の役割	①リーダー的立場の教員の業務と役割				
		②ICT活用を推進する体制				
		③分掌部間の協働				
	（カ）教員の意識と校内の雰囲気	①教員の積極性と熱意				
		②相談しやすい雰囲気づくり				
		③自然に進められる雰囲気や学校文化				
環境整備	（キ）環境整備のコンセプト	①取組を推進するための機器の整備				
		②教員が機器を利用しやすい環境整備				
	（ク）環境整備の仕方	①外部機関等のリソースの活用				

Ⅱ. 自校のICT活用の推進に向けた重点的取組と方策案

重点的に取り組む優先順位	取り組む項目	具体的な方策案
1		
2		
3		

図２　特別支援学校における ICT 活用を推進するために必要な観点　チェックリスト
（国立特別支援教育総合研究所，2023）

2 肢体不自由教育における ICT の活用と今後の展望

（1）肢体不自由のある児童生徒の障害特性と補助具等の工夫

　肢体不自由のある児童生徒の障害特性として、運動・姿勢保持の困難、言語・コミュニケーション障害、視知覚認知の困難、経験不足、感覚・知覚発達の困難などがあります。学習時の姿勢や認知の特性等を踏まえて、個々の児童生徒の障害の状態や特性及び心身の発達の段階等に応じてICTの活用を検討するとともに、それらを活用しやすい学習環境を整えることも大切です。

　学習指導要領では、「児童の身体の動きや意思の表出の状態等に応じて、適切な補助具や補助的手段を工夫するとともに、コンピュータ等の情報機器などを有効に活用し、指導の効果を高めるようにすること。」（文部科学省，2018）と示されています。肢体不自由のある児童生徒の多くは身体の動きや意思の表出に困難さがあることから、様々なスイッチや代替キーボード、PCなどを固定するスタンドなどの周辺機器の整備が必要になり、個々に応じた入出力支援機器などの補助具や補助的手段を工夫し、活用することが大切になります。

　また、「教育の情報化に関する手引（追補版）」（文部科学省，2020b）では、「肢体不自由者である児童生徒に対する情報機器を活用した指導においては、障害の状態に応じて、適切な支援機器の適用と、きめ細やかなフィッティングが必要となる。」と示されています。これらは、自立活動の指導との関連を図りながら指導を進めることが必要です。

（2）ICTを活用した実践

　国立特別支援教育総合研究所肢体不自由教育研究班では、教科指導及び自立活動の指導における肢体不自由児の障害特性を踏まえたICT活用についての事例を収集し、ICTを活用した指導方法や教材・教具の有用性について検証しています。収集した事例は、その内容をコンパクトにまとめ、SNAPSHOTとしてホームページで公開しています。以下に、SNAPSHOTから2つの事例を紹介します。

■事例①　タブレット型端末、デジタル教科書を活用した算数科（小学部）の実践

　肢体不自由によるまひや視覚的な情報の処理に困難さがある児童に対して書字の負担軽減を図りながら小数の筆算の仕方を思考する学習ができるように工夫した取組です（図3）。タブレット型端末では、文字の消去や直前の操作を取り消して元の状態に戻す操作（アンドゥ）が行いやすいことから、数字等を消す動作の負担が軽減され、試行錯誤を繰り返しながら問題を解く様子が見られ、数学的な思考力を育むことにつながりました。また、デジタル教科書の画面をスクリーンショットし、それぞれの児童がスクリーンショットで画像化したページに書き込みながら問題に取り組むという方法で行いました。予め解答するページをスクリーンショットしておくことで、問題を解くことに集中する様子が見られるようになりました。

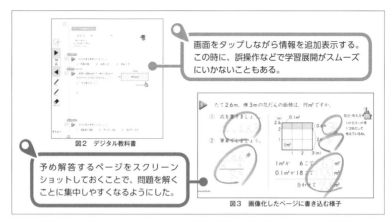

図3　NISE RESEARCH SNAPSHOT No.2（一部抜粋）

■事例②　視線入力装置を活用した数学科（中学部）の実践

　視線入力装置と合わせて日常的に使用している機器や、具体的操作を伴う学習活動を取り入れることができる機器やアプリを用いて、操作や提示方法を工夫して大きさについての学習を行った取組です（図4）。自ら視線入力装置を活用し、操作することで、「いくつ分」の考え方を基にして、間接比較の考え方や普遍単位による表し方を日常生活と関連付けることができるようになりました。また、学習を通して、二つの事象を比較すること、基準によって区別すること、それを言葉や数値で表すことができるようになりました。

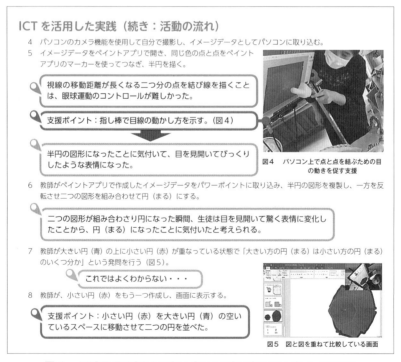

図4　NISE RESEARCH SNAPSHOT No.6（一部抜粋）

（3）肢体不自由教育におけるICT活用の今後の展望

　上述した事例のように、多くの学校でタブレット型端末の活用が行われています。肢体不自由のある児童生徒が操作するには、個々に応じたスイッチなどの入力装置や、アクセシビリティ機能が必要になります。ICTを得意としない教員も含め、ICT活用を推進するための校内体制や研修の在り方については、今後も検討が必要になります。

　1人1台端末と合わせて、入出力支援装置の整備も進んできました。各種スイッチの他、視線入力装置も多くの学校で実践が蓄積されてきています。視線入力装置の障害の重い子供への適用については、その目的を明確にしながら、さらに実践を積み上げて検証していくことが必要だと考えます。また、移動に制限のある肢体不自由のある児童生徒にとって、遠隔でのコミュニケーションは重要です。いわゆる準ずる教育課程では、少人数での学びになりがちですが、遠隔合同授業による協働的な学びによって授業の活性化を図るなどの効果が期待されます。

　「「令和の日本型学校教育」の構築を目指して～全ての子供たちの可能性を引き出す、個別最適な学びと、協働的な学びの実現～（答申）」の中で、「豊かな情操や規範意識、自他の生命の尊重、自己肯定感・自己有用感、他者への思いやり、対面でのコミュニケーションを通じて人間関係を築く力、困難を乗り越え、ものごとを成し遂げる力、公共の精神の育成等を図るとともに、子供の頃から各教育段階に応じて体力の向上、健康の確保を図ることなどは、どのような時代であっても変わらず重要である。」と述べられています。これらは、ICTの活用だけで育まれるものではありません。ICTは学校教育において必要不可欠なものですが、ICT機器を使うことが目的ではありません。どのような資質・能力を伸ばすためにICT機器を活用するのかを明確にして、個に応じた指導の充実を図るためにICTを活用することが重要です。

●参考文献／サイト
国立特別支援教育総合研究所（2023）重点課題研究「ICT 等を活用した障害のある児童生徒の指導・支援に関する研究」研究成果報告書
　https://www.nise.go.jp/nc/report_material/research_results_publications/specialized_research/b-378
国立特別支援教育総合研究所肢体不自由教育研究班（2023）SNAPSHOT「肢体不自由児の障害特性を踏まえた ICT を活用した指導方法や教材・教具の工夫」
　https://www.nise.go.jp/nc/study/others/disability_list/physical
中央教育審議会（2021a）「「令和の日本型学校教育」の構築を目指して～全ての子供たちの可能性を引き出す、個別最適な学びと、協働的な学びの実現～（答申）」
　https://www.mext.go.jp/content/20210126-mxt_syoto02-000012321_2-4.pdf
中央教育審議会初等中等教育分科会教育課程部会（2021b）教育課程部会における審議のまとめ
　https://www.mext.go.jp/content/20210312-mxt_syoto02-000012321_2.pdf
文部科学省（2018）特別支援学校学習指導要領解説各教科等編（小学部・中学部）開隆堂
文部科学省（2019）GIGA スクール構想の実現へ
　https://www.mext.go.jp/content/20200625-mxt_syoto01-000003278_1.pdf
文部科学省（2020a）特別支援教育における ICT の活用について
　https://www.mext.go.jp/content/20200911-mxt_jogai01-000009772_18.pdf
文部科学省（2020b）教育の情報化に関する手引（追補版）
　https://www.mext.go.jp/a_menu/shotou/zyouhou/detail/mext_00117.html
文部科学省（2021）新しい時代の特別支援教育の在り方に関する有識者会議 報告

支援機器としてのICT と
肢体不自由教育

帝京大学　教授　金森　克浩

1 肢体不自由とは「したい」不自由

　肢体不自由教育でのICTの活用といえば、福岡市立特別支援学校にお勤めだった福島勇さん（現　熊本高等専門学校）を抜きに考えられません。福島勇さんは肢体不自由教育で長年支援機器を活用した実践をされていました。その福島さんがなぜそれほど支援機器の利用を積極的に使ったのでしょうか。それは、肢体不自由の子どもたちが、自由に自分のやりたいことができないために意欲を失い「したい」という思いを持てなくなっているからだといっています。つまり、肢体不自由教育は「したい」という思いを不自由にさせる教育ではいけないということです。

　そのために大切なのは「意欲を持たせること」です。子どもたちが「できない」と思ったことを「デキル」ように変えるのは、支援機器が有効です。お母さんの肩を叩くことが難しい子どもが、電動マッサージ器とスイッチを使ってお母さんの肩を叩く実践がありました。自己有用感を高め、「デキル」ことを信じられる子どもは、その後もいろいろなことに挑戦していけるでしょう。

　こういったローテクといわれる支援機器の延長に現在のICTはあります。肢体不自由教育におけるICTの活用の原点はこの「したい」を不自由にさせない教育だといえます。

2 ICT とは

　ICTの活用でさまざまなことが可能になります。さて、このICTとはなんでしょうか？研修会などに参加する人に聞いてもICTが何の略であるかを知っている人はけっこう少ないです。

> ICTは「Information and Communication Technology」の略で、情報通信技術を意味します。ICTは、通信技術を活用したコミュニケーションを指し、情報処理だけでなく、インターネットのような通信技術を利用した産業やサービスなどの総称です。

　GoogleのAIで調べたらこのように説明が返ってきました。しかし、研修会などでは「ITSUMO CHOTTO TROUBLE（イツモチョットトラブル）」と言って参加者の皆さんを笑わせます。ICT機器を使っていても、必ずといっていいほど、思うように動いてくれないことが多くありましたから。そんなことがあっても使うのは、私たちにはできないような高度なことをICTがしてくれるからです。特に、肢体不自由のある子どもたちの支援機器として、ICTの活用はたくさんの可能性を示します。

　上記の説明だと、ネットワークにつながっているものがICTとなりますが、肢体不自由のある子どもの利用の場合はネットワークにつながっていなものも含め、デジタルディバイス全般も含めて考えていきます。

　さて、本稿では支援機器とICTについてですが、支援機器のことはATともいいます。ATとは「Assistive Technology（アシスティブテクノロジー）」の頭文字です。ATとICTの関係は、相互に独立しています。図に表すとこんな感じです。

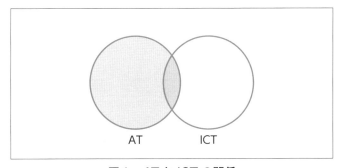

図1　AT と ICT の関係

　しかし、近年はICTの中にATが包含されているように語られることがありますが、ICTではないATも沢山あります。大切なのはその関係というよりも何をするかでしょう。

3 ｜ICT でデキルこと

（1）コミュニケーションツールとして

　肢体不自由のある子どもにとってICTを活用することは、彼らの世界をひろげるものとなります。今から30年前にテクノエイドと呼ばれた頃に電子機器が一番求められていたのは「コミュニケーション」での利用でした。自分の身体が上手に動かせなくてもわずかな動きを拡大させ、代替してくれます。つまりAAC（Augmentative Alternative Communication：拡大代替コミュニケーション）です。

　私がいつもお世話になっている滋賀県にお住まいの田中茜吏さんは「最先端技術で広がる私の世界」（田中, 2017）として、コミュニケーションだけでなく、音楽やゲームをはじめとした趣味や日常生活のさまざまなことをコンピュータやiPad、VOCAなどを組み合わ

せながら生活を豊かにしています。

　とてもアクティブな茜吏さんですが、彼女の生活の中ではFacebookなどのSNSを使った多くの人との交流が欠かせません。このコロナ禍で自宅に籠もっていても日本全国の人と、また時には海外の方ともアクティブに交流していたのは、ICTがあればこそです。

　そういった意味で、ICT機器の一番の活用方法は自分の思いを他の人に伝えることです。それは身近な人もそうですし、茜吏さんのように遠隔にいる人に対しても有効です。

（2）学習のツールとして

　ICT機器の機能が上がってきたことにより、学習のツールとしての利用も広がりました。学習のツールとして一番に挙げられるのはデジタル図書でしょう。学校での学びの基本は紙の教科書を中心とした本を読み、ノートに学んだことを書いていくことでした。そういった一見当たり前と思われる学習活動も、肢体不自由があると制限があります。その制限を解消してより能動的に学びに向かえるのはデジタル図書の魅力です。デジタル図書であればスイッチ一つでページをめくれますし、読みたいところを簡単に拡大したり、音声で読み上げてくれます。車椅子に乗っていたり、側臥位で横に寝ていても音声で読み上げてくれればたやすく内容を学ぶことが可能になります。デジタルなら自由に書き込むこともできます。これまでだと間違えて書くことを気にしてしまいましたが、何回でもやり直しができますし、手書きだけでなくキーボードや場合によっては視線入力で文字を書くことも可能です。

　福岡県にお住まいの廣田琉花さんは視線入力装置を利用することになってから、さまざまな学習活動が自分の意思でできるようになりました（廣田, 2018）。それまでは、手に持ったスイッチでのパソコン等の操作になるため、動作に制限がありましたが、視線入力なら楽器の演奏や絵を描くことなども可能になったからです。

　この事例で大切なのは、できることを通して「学習への意欲を高めること」です。最初に福島さんがおっしゃることです。

（3）障害の重い子どもたちのアセスメントツールとして

　パソコンが肢体不自由教育で利用されたことにより、スイッチひとつで子どもたちの世界がひろがりました。しかし、そういった、スイッチを操作するとパソコンの画面が変化するということを認識するには、ある程度認知的な理解が必要となります。

　障害の重い子どもを理解するために、その基本的な考え方として乳幼児の認知発達に注目した徳永（2009）は自己と他者、物との三項関係が成立するのは生後14ヶ月から18ヶ月だとしています。しかし、肢体不自由特別支援学校の自立活動を主とする教育課程の子どもたちは、なかなかそこまでの力を獲得していないといわれています。

　だとすると、重度重複の子どもたちにはGIGA端末などは必要ないのでしょうか？　徳永は約3ヶ月から5・6ヶ月の月齢の乳幼児は物に向かっての関心を向けるといわれています（図2）。タブレット端末に楽器ソフトのように、触ればすぐに音が出て反応するよ

うなソフトが入っていれば子どもたちのおもちゃとしても利用出来る可能性があります。こうした操作をすれば反応が返ってくるソフトのことをCause＆Effect（コーズアンドエフェクト）といい、iPadをはじめとするタブレット端末用にはたくさん作られています。もちろん、どのような学習場面で利用するかは検討しないといけませんが、とても障害の重い子どもが利用する可能性があります（図3）。

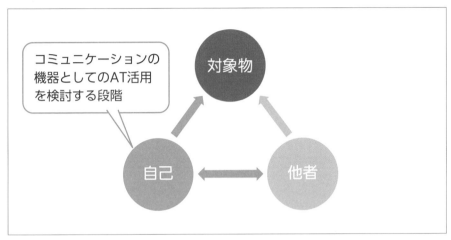

図2　他者と対象物の初期の三項関係（6ヶ月頃から14ヶ月頃）
（金森2022より）

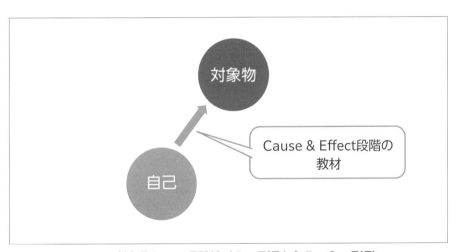

図3　対象物との二項関係（3ヶ月頃から5、6ヶ月頃）
（金森2022より）

　また、それ以前の発達段階の子どもだとしても、彼らのことを理解するためのアセスメントのツールとしてICT機器は利用できるはずでしょう。重度重複の生徒にスマートウォッチを使って睡眠状態をモニタリングしている実践などがあります。言葉ではない、子どもたちの声を聞くツールとしてICTはとても有効に働くはずです。

4 | 新しい学び方と可能性

　本稿は「支援機器としてのICTと肢体不自由教育」というタイトルですが、支援機器とは違った方向性としてのICTの活用について触れたいと思います。それは、表現する力と、その人の能力を拡張することです。

　表現する力として一番に浮かぶのは絵を描くことかもしれません。いままでのデジタルツールは同じ物を簡単にコピーすることが容易でした。しかし、ブロックチェーン技術を応用したNFTアートでは、オリジナルの作品がどれであるかということが担保されています。そのため、自分の作品を他の人が悪用することがありません。もちろん、フリーで使われることにも意味がありますが、その人の作品であることが評価される仕組みとしてこういった技術は注目に値すると考えます。とくに、外出することに制限がある肢体不自由がある人にとっては、一般的な就労はさまざまなハードルがあります。しかし、在宅でできる仕事が増えることで可能性は大きく広がります。また、仕事とならなくとも生きがいとして、生涯楽しめる趣味を持てることは重要でしょう。

　大阪に住むフリーイラストレーターのくぼりえさんは、ステキな絵をモチーフにさまざまな作品を作っていますが、オンラインのイラスト教室のサロンで全国の子どもたちにタブレットを使った絵を教えています。ICTを活用することで自己有用感が高まるような使い方をしてほしいですね。

5 | おわりに

　ICTは今後もどんどんと進化するでしょう。その機能だけを追い求めるのではなく、自分にとって有用だと思うものを今まで以上に取捨選択していくことが必要となってきます。そうした判断ももしかすると、AIなどが示唆してくれるかもしれません。しかし、大切なことは考える材料は与えてくれても、最終的な決断は本人がすることです。その自己決定や自己選択のために大切な事は自分の意思を表明できる力と伝えられるコミュニケーション能力です。ICTを使うことでコミュニケーション力を高めていくことが一番大切なことではないでしょうか。

●参考文献／サイト

金森克浩（2022）障害の重い子どもへの AAC の活用 ,『新しい時代の特別支援教育における支援技術活用と ICT の利用』,ジアース教育新社 ,pp29-55.

田中茜史（2017）最先端技術で広がる私の世界 ,『戸山サンライズ　特集　生活を豊かにする最先端技術』,275 号 .

德永豊（2009）『重度・重複障害児の対人交渉における共同注意』,慶應義塾大学出版会 .

廣田愛（2018）「できる」や「たのしい」を発見した視線入力装置 ,『視線でらくらくコミュニケーション』,日本肢体不自由児協会 ,pp101-105.

くぼりえ（2023）くぼりえホームページ . http://kuborie.com/, 2023-09-30 Access.

第 2 部

実践編

| 小学部 | 自立活動 |

1

乾電池型IoT製品を用いた ワイヤレスのスイッチ教材
〜重度重複障がいのある児童生徒の端末活用実践〜

大阪府立中津支援学校　教諭　川前　寛

Keywords　①スイッチ教材　②因果関係の理解　③フィッティング

1 目的

　国のGIGAスクール構想により、特別支援学校においても一人一台端末が配備され、各校が児童生徒の障がいの特性に応じたアプリやクラウドサービスの活用を検討、様々な教育実践が行われるようになってきました。

　本校は肢体に障がいのある児童生徒を対象とした支援学校であり、重度重複障がいのある児童生徒も多く在籍しています。タッチパネルのディスプレイに触れて操作することが難しい重度重複障がいのある児童生徒にとってのタブレット端末活用を検討し、活用の一つとして、MaBeee（マビー）※という乾電池型IoT製品と一人一台端末を組み合わせて使い、スイッチを用いて電動のおもちゃを動かす学習に取り組みました。

2 方法

（1）自立活動におけるスイッチ教材の位置付け

　スイッチを用いた教材（以下、スイッチ教材）は、以前より肢体に障がいのある児童生徒の学習に活用され、BDアダプターを使ってスイッチとつないだ電動のおもちゃなど（図1）が用いられてきました。自分がスイッチを操作すると目の前のおもちゃが動くことに気付き、その面白さを知ることで積極的にスイッチを操作するという、楽しく、主体的な活動を通して因果関係という認知の基礎となる学習内容を獲得することをねらいとしました。

図1　スイッチ教材（BDアダプターを用いた有線接続）

　今回の実践にあたり、スイッチ教材を活用した学習の指導目標が自立活動においてどう位置づけられるのかを、6区分27項目に照らして整理しました（表1）。

表1　自立活動6区分27項目における、スイッチ教材の位置づけ

区分	4．環境の把握	5．身体の動き	6．コミュニケーション
項目	（4）感覚を総合的に活用した周囲の状況についての把握と状況に応じた行動に関すること	（2）姿勢保持と運動・動作の補助的手段の活用に関すること	（1）コミュニケーションの基礎的能力に関すること
ねらい	刺激に対する反応、協調性動作の向上	目的（主体性）を持った動作の向上	因果関係の理解と向上

（2）授業の形態と指導方法

　スイッチ教材を活用した学習において指導目標が達成できるようにするには、授業の形態と指導方法を設定する際に、学習環境を適切に整備することが大切なポイントになります。具体的には、一定期間あるいは年間を通じて継続的に取り組むことで、児童生徒が「スイッチに入力すると教材が動く」という因果関係の理解を深められるようにしました。児童生徒の個々の身体状況に合わせて能動的にスイッチ入力できるように、『フィッティング』と呼ばれる、姿勢の補助、機器の設置や環境調整を行い、自分の力で「できた」という達成感をもてるようにしました。また、集団規模にも配慮し、個別または少人数の集団で取り組むことで、学習するために必要かつ十分な時間を確保できるようにしました。

（3）使用機器

　今回はおもちゃをスイッチ教材として使用するために、一人一台端末であるiPadとMaBeeeを用いました。おもちゃの電池ボックスにMaBeeeをセットし、端末にインストールした専用アプリからワイヤレス接続すると、画面をタップするほか、音声、タイマー等の様々な操作方法で電池の出力をコントロールし、おもちゃの動きやスピード等を変えることができます。はんだ付け等でのおもちゃの改造が不要であり、BDアダプターを使った有線スイッチでは取り回しが難しかった動きの大きなおもちゃでもワイヤレスで容易に扱えるようになるなど多くの利点があり、誰でも手軽におもちゃをスイッチ教材化することができます。

図2　MaBeee を使ったワイヤレスのおもちゃの操作

　今回の教材のメインとなるおもちゃには電車を使用しました。車両は走行音や車内アナウンス音声が流れるタイプのものを用意し、音から自分の操作の結果が確認できるようにしました。

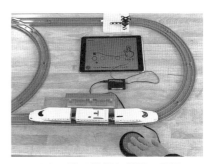

図3　使用教材と機器の配置

　スイッチには従来から活用しているジェリービーンスイッチ等を使い、iPadをスイッチで操作するためのスイッチ・インターフェイスであるi+Padタッチャー※と組み合わせて使用しました。

3 実践

（1）児童Aについて

　対象児童Aは小学部2年生で、自立活動を主とする教育課程の学習グループに在籍しています。全身の筋緊張が強く、手足を思い通りに動かすことに困難があります。目が見えず、光に対する反応もほとんど見られず、聞こえてくる音や声を頼りに周囲の状況を判断している様子が見られます。普段の授業場面では、教員が介助して教材に直接触れて扱えるようにしています。その際できるだけ児童A本人の動きを引き出せるように言葉がけや介助の方法を工夫していますが、教員から活動に誘われるのを待つことが多く、「先生にしてもらっている」という意識があるためか、児童A自身の達成感が高まりにくく、学習場面での自発的な意思表示が少ない状況でした。

（2）スイッチのフィッティング

　児童Aが在籍する学習グループは、他に1・2年生5名が在籍しています。スイッチ教材の学習では、自立活動の時間のうち週1時間を使い、さらに時間帯を前／後半に分けて、3名ずつの小集団で実施しました。

　それと並行して児童それぞれに最適なスイッチのフィッティングを行いました。ほとんどの児童は一般的な押すタイプのスイッチであるジェリービーンスイッチを使って入力することができ、座位保持椅子のテーブル上での設置位置をそれぞれ微調整することでフィッティングできました。しかし、児童Aは身体の筋緊張の状態により、スイッチへ手を動かすことが困難で、本人にとっては大きな負担とストレスになっていました（図4）。

　ここから、児童Aにとって適切なスイッチのフィッティングの試行錯誤が始まりました。まずは、筋緊張の強い児童生徒によく用いられるフレキシブルスイッチ（図5）に交換し、腕を伸ばしきった時にレバーに触れられるようにアームで設置しました。どの方向から手が当たっても入力できるので、精度を要する点での負担は減りましたが、不随意運動で手を引き込んだ際に、再びスイッチを捉えるまでに時間と労力を要しました。他にも何種類ものスイッチを試しましたが、どれも不随意運動への対応の点で不十分であり、うまくいきませんでした。

　最終的にフィッティングできたのが、PPSスイッチ（図

図4　ジェリービーンスイッチ使用時

図5　フレキシブルスイッチ

図6　PPSスイッチ使用時

6）でした。空気圧を感知して入力信号に変換するスイッチで、エアバックセンサーを座位保持椅子テーブル上に固定して使用しました。スイッチの入力面積が広がり、わずかに触れた場合でも入力することができるので、手を引き込んだ際も再びスイッチに手を運ぶことが容易になりました。

4　成果と課題

　児童Aは、本人にとって入力しやすいスイッチを使えるようになったことで、おもちゃを自分で動かすという因果関係を理解することができました。また、おもちゃが途中で止まった時にも、聴覚から状況を判断し、スイッチに再び入力しようとするなど、意欲的に手を動かすようになりました。この実践以降、自分で「できる」喜びを知った児童Aは、他の授業場面でも「やろう」という気持ちが生まれ、積極的な意思表示も見られるようになってきました。他の児童についても、遊べるおもちゃが増えたことで興味の広がりや、主体性の向上など、それぞれに良い変化が見られました。

　課題としては、スイッチ教材を活用できる教員を増やしていくことが挙げられます。ICTの教育活用全般に言えることですが、継続的に取り組んでいくためにも、スイッチ教材を使った学習の意義や教育課程での位置づけ等を教員間で共通理解をもち、機器のフィッティングについての知見を広めていく必要を感じています。

5　まとめ

　今回は、重度重複障がいのある児童生徒にとっての一人一台端末の活用を、スイッチ教材を使った学習から考えて実践を行いました。GIGAスクール構想では「これまでの我が国の教育実践と最先端のベストミックスを図ることにより、教師・児童生徒の力を最大限に引き出す」とあり、従来からの教育実践を一層の充実させるためにICTを活用するという方向性が示されています。このことは、従来から取り組まれてきたスイッチ教材についても同様に言えるのではないでしょうか。今回の実践では、重度重複障がいのある児童生徒も、ICTの活用によって能力を引き出し、主体的・対話的で深い学びを実現することができるという可能性を強く実感しました。今後も障がいのある児童生徒の学びを支えるICT活用について、個別の学びだけでなく協働的な学びの視点で考え、より充実した授業の実践と改善を積み重ねていきたいと思います。

※MaBeee：ノバルス株式会社の乾電池型IoT製品。スマホ・タブレットの専用アプリを使って操作することで、乾電池で動作する玩具の動きや音・光などを制御することができる。
※i+Padタッチャー：システムデザイン・ラボのスイッチ・インターフェイス。粘着ゲルで電極を画面上のタップしたい部分に貼り付け、接続したスイッチで入力することで、タップと同等の操作をすることができる。

授業力向上シート

学校名	大阪府立中津支援学校		執筆者名	川前　寛

対象学部	幼・小・中・高	学年	１・２年
集団の人数	２～３人	教科	自立活動
単元名	スイッチを使って電車のおもちゃを走らせよう	時数等	週１時間

概　　要

目　標	スイッチに入力すると電車のおもちゃが動くことが分かり（因果関係の理解）、積極的に学習に参加する。
方　法	・児童生徒の実態に最も適したスイッチを試行しつつ準備する。 ・スイッチの設置位置や子どもの姿勢に配慮し、入力しやすい操作環境を整える。 ・上記２点に留意し、「スイッチに入力する」と車両が「動く／止まる」という因果関係に注意を向けられるようにする。
成果・課題	・スイッチに入力すると電車のおもちゃが動くという因果関係を理解することができた。 ・自分で「できる」喜びを知り、他の授業場面でも「やろう」という気持ちが生まれ、積極的な意思表示ができるようになった。
学習指導要領との関連	本実践事例は自立活動の領域の中で、環境の把握の(４)、身体の動きの(２)、コミュニケーションの(１)を関連付け、因果関係の理解と積極的活用をねらいとして指導目標および具体的な指導内容を設定して行った。

コメント

　本実践ではiPadとMaBeeeを活用することで、BDアダプタでは活用の難しかった動きの大きなおもちゃである電車を教材として活用しています。電車も音の出るタイプを選ぶことで、児童が視覚情報だけでなく聴覚情報からも操作の結果が確認できるようにしたことは、機器ありきではなく、児童の実態把握から学習内容や教材を設定していることを示しています。また、児童の主体的な動きを引き出すためにスイッチの種類や位置の改良を続けたことが、最終的に児童が自分から操作する環境を形成し、因果関係の理解の促進を導いたものと思われます。さらに、フィッティングされたスイッチの操作体験から他の活動においても積極的な意思表示も見られるようになったという指導の効果は、これからスイッチの活用に取り組もうとされている方々に大きな示唆を与える成果と言えるでしょう。

　これまでの主体的な活動を促すための環境設定といった重度重複障がいのある児童生徒の実践において大切にされてきた事項を基盤にiPadやMaBeeeといったICTの新しい機器を加えることで、より効果的な学習を実現することができた実践となっています。

(織田　晃嘉)

| 小学部 | 自立活動

2 画面に触れると音が出るアプリを活用した自立活動の取組
～好きな音を選び、得意な動きで操作しよう～

熊本県立熊本かがやきの森支援学校　講師　波村　幸子

Keywords　①好きな感覚刺激　②タブレット　③スイッチ　④身体を動かす力

1 目的

　本事例の対象は、本校のＢ課程（自立活動を主とした教育課程）で学習する小学部４年の児童（Ａさん）です。肩、首、腕、肘、手足首等の緊張が強く、拘縮している部分があるため、自発的な動きに困難さが見られます。そのため、生活音や音楽、友達や教員の声を聴いて笑顔になったり、トランポリンの大きな揺れに声を出して笑ったりするなど、受け身とも言える楽しみ方が多いと感じられます。そこで、低学年時から継続して、朝の会では頬でスイッチを押して音声を鳴らす係活動に取り組んだり、自立活動の時間に教材に触れて好きな音を鳴らす学習に取り組んだりすることで、頭や腕を動かすことで音が鳴ることに気付き、繰り返し動かそうとする姿が見られるようになってきました。

　ここでは、自立活動の時間に、タブレット端末(iPad)を活用して、「教員の働き掛けや様々な感覚刺激を受けて、自ら身体を動かしたり、表情や声、スイッチの操作で気持ちを伝えたりする」ことを目標に指導に取り組んだ実践を紹介します。

2 実践

　本事例では、アプリ「たっち＆びーぷ」を活用しました。これは、画面に触れてビープ音（システムサウンド／効果音）を鳴らすアプリで、50種類以上の効果音が入っている他、マイクからの録音もできます。

　このアプリを活用して、①アプリのビープ音の中の音を聞く、②好きな音を選択する、③好きな音を教員の声掛けに応じて得意な動きで鳴らす、という学習活動を行いました。

　タブレット操作のために、外付けスイッチを活用し、①タブレット端末にマウス（改造したマウス）を接続する、②マウスにフレキシブルスイッチ（教員自作）を接

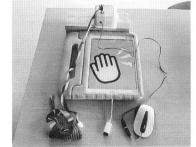

教員自作の外付けスイッチ

続する、③フレキシブルスイッチに紐をつなぐ、④Ａさんの手の大きさに合わせてカットしたクッション材を滑り止めシートで包んだ握り手を作り、紐に結び付ける、といった手立てをして、Ａさんが紐を引っ張ることで操作できるようにしました。

目標	教員の働き掛けや様々な感覚刺激を受けて、自ら身体を動かしたり、表情や声、スイッチの操作で気持ちを伝えたりする。

| 指導目標 | 「得意な動きで操作しよう」 （自ら身体を動かす力）
・得意な動きで、スイッチを操作し、具体物が変化したり動いたりすることを楽しむ。

※〈　〉：感覚刺激の内容 | 「やりとりしよう」 （応じる力）
・教員の声掛けに、表情や身体の動き、声等で応じたり気持ちを伝えたりして、やりとりを楽しむ。 |

（1）座位の姿勢でSTEP by STEPスイッチを頬で押して、音声を鳴らす学習（朝の会の係活動）

〈音〉 （自ら身体を動かす力）

（2）仰臥位の姿勢で、チャイムとつないだ引っ張りスイッチを右手で操作して好みの音を鳴らす学習

〈風〉 （自ら身体を動かす力）

（3）座位保持椅子に座った姿勢でフレキシブルスイッチに手の甲で触れて小型扇風機を回す学習

〈音〉 （自ら身体を動かす力）

（タブレットの活用）

（アプリ「たっち＆びーぷ」）

（4）好きな音探しをする学習
・タブレット画面に、教員の支援を受けながら、人差し指でタッチして、ビープ音を聞く。
・〈学校のチャイム音〉を鳴らしたときが、最も反応がよかった。

（5）仰臥位の姿勢で引っ張りスイッチを左手で操作して学校のチャイム音を繰り返し鳴らす学習

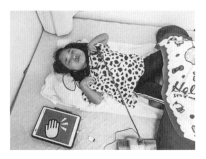

〈揺れ〉 （応じる力）

（1）トランポリンの揺れを介したやりとりの学習
①教員がトランポリンを揺らす。
②Ａさんが揺れに笑顔を見せたり発声したりして楽しむ。
③教員が、途中で、揺れを一旦止める。
④Ａさんが「おやっ」という表情をしたら、教員が「もう1回しますか。」と声掛けする。
⑤Ａさんが口をもぐもぐ動かしたり「あー」や「うーん」と発声したりして応じたら、教員が「はーい。揺らします。」と返事をして、揺れを再開する。

〈動くライト〉 （伝える力）

（2）ライト（ディスコボールライト）の動きを介したやりとりの学習
①教員がライトを動かす。
②Ａさんが、頭を動かしてライトの動きを追視する。
③教員が、途中で、ライトの動きを一旦止める。

（6）座位の姿勢で、引っ張りスイッチを左手で操作して学校のチャイム音を繰り返し鳴らす学習
・左側に置いたスイッチの操作がスムーズにできるようになったところで、スイッチの位置を右側に変えた。

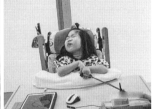
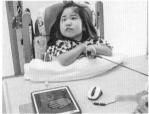

【児童の様子】

（ 自ら身体を動かす力 ）

・自分の動きで音が鳴る＝変化が起こることを理解できた。
・スイッチの位置（紐の長さ・左側・右側）を変えるとそれに応じて左手の動きを変える。具体的には、腕の上げ方、肘の使い方等を調整して、紐の引っ張り方を工夫する様子が見られた。
・臥位の姿勢では、引っ張っている左手（左腕）だけでなく、紐が触れている右肘を動かして紐を押さえるような動きが見られることもあった。
・学習を繰り返す中で、身体全体に力を入れて腕や頭を動かすのではなく、腕や頭だけを動かして操作する様子が見られるようになり、操作に必要な身体の使い方が上手になってきたといえる。
・教員の声掛けがなくても、繰り返し操作することができるようになった。

④Aさんが頭を動かすのをやめて「おやっ」という表情をしたら、教員が「あれ？動かなくなったね。」と声掛けする。
⑤教員が「動けー！」と数回呼び掛けた後、「先生が言っても動かないな。Aさん、『動けー！』と言ってください。」と声掛けする。
⑥Aさんが口をもぐもぐ動かしたり「あー」や「うーん」と発声したりして応じたら、教員が再びライトを動かす。
⑦教員が「やったー！Aさんが『動けー！』と言うとライトがクルクル動くね。」と声掛けする。

【児童の様子】

（ 伝える力 ）

・自分が働き掛けると教員が応じる、といったことの理解ができた。
・揺れやライトの動きを止めて、教員が声掛けしてから、Aさんが応じるまでの間隔が短くなった。
・活動を終わりたいときには、声掛けに応答がなく、「もう終わりますか。」と尋ねると、口をもぐもぐさせて「終わりたい」と伝えることができた。そこから、ライトを動かしたいときに、「動けー！」と言

・好きな音を聞くことを楽しむと同時に、音を鳴らすことを
　楽しむということ、すなわち、自分の働き掛けで変化する
　ことを楽しむ（＝自分で鳴らせることがうれしい）という
　ことにつながっていったのではないか。

葉で伝えると動くということ
を理解できたのではないか。

アプリ「たっち＆びーぷ」を　Aさんが要求を伝える手段として活用できるのではないか。

〈動くライト〉〈音声〉　伝える力　　タブレットの活用　　アプリ「たっち＆びーぷ」

（3）仰臥位の姿勢で、タブレットとつないだ引っ張りスイッ
　　チを左手で操作して、音声（「動けー！」録音した教員
　　の声）を鳴らして、ライトを動かしてほしいことを伝え
　　る学習
　・ライトの動きを追視しやすくするために、傘の内側にライ
　　トの光を当てて動かし、Aさんが頭を動かして追視し
　　ている途中で、ライトの動きを一旦止める。Aさんが頭
　　を動かすのをやめて「おやっ」という表情をしたら、「紐
　　を引っ張ったらライトが動くよ。引っ張って。」と声掛
　　けをする。Aさんが、紐を引いてアプリを操作し「動
　　けー！」の音声が鳴ったら、再びライトを動かし、「やっ
　　たー！Aさんが『動けー！』と言うとライトがクルクル
　　動くね。」と声掛けする。
　・紐を引っ張ってタブレットを操作し、「動けー！」と音
　　声で働き掛けて、「ライトを動かしてほしい」と要求す
　　ることができるようになってきた。

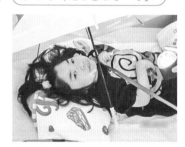
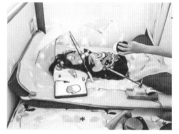

3 成果

　アプリを活用したことで、手軽にいろいろなビープ音を聞き、Aさんの好みの音を探る
ことができ、Aさんが楽しく興味をもって身体を動かす学習に取り組むことができました。

　さらに、繰り返し学習する中で、「身体を動かす力」が高まり、タブレット操作がスムー
ズに行えるようになったことと、併行して取り組んでいたやりとりの学習の中で「伝える
力」が高まったことで、アプリの録音機能を活用し、音声で伝える学習、すなわち言葉で
要求を伝える学習につながりました。

　今後は、タブレット等のICT機器をコミュニケーションツールとして活用し、Aさんの
他者に働き掛ける力を育んでいきたいと思います。

授業力向上シート

学校名	熊本県立熊本かがやきの森支援学校		執筆者名	波村　幸子

対象学部	幼 ・(小)・ 中 ・ 高	学年	4年
集団の人数	1人	教科	自立活動
単元名	得意な動きで操作しよう	時数等	年間を通じて行う

概　　要

目　標	対象児の興味がある音や風をはじめ、身近な人の音声や好きな音楽等を教材にして関わり、自ら身体を動かし、働き掛けたことによる変化を楽しむ。
方　法	臥位や座位の姿勢で、教員の声掛けに応じて、外付けスイッチでタブレットを操作し、アプリ「たっち＆びーぷ」の中の本児が好きな「学校のチャイム音」を鳴らす学習に取り組んだ。
成果・課題	自分の働き掛けで音が鳴ることに気付いたことで、教員の声掛けがなくても繰り返し音を鳴らして楽しむ様子が見られるようになった。そこで、同アプリを活用し、教員に働き掛けるためにタブレットを操作して録音した音声を鳴らす、コミュニケーションの基礎的能力に関すること（学習指導要領自立活動　コミュニケーション（1）に重点を置く学習につなげることができた。
学習指導要領との関連	自立活動の身体の動き（1）姿勢と運動・動作の基本的技能に関することに重点を置きながら、人間関係の形成（1）他者とのかかわりの基礎に関すること、（2）感覚や認知の特性についての理解と対応に関すること、環境の把握（1）保有する感覚の活用に関すること、コミュニケーション（1）コミュニケーションの基礎的能力に関することを関連付けて指導を行った。

コメント

　本実践は、自発的な動きに困難さがある児童に対して、得意な動きを引き出して因果関係の理解を促し、表情や身体の動きで気持ちを伝える力を育んだ実践です。姿勢ごとに、得意な動きを把握して、操作しやすいスイッチの種類や配置を工夫されています。児童が自らの力で操作したことが分かり、成功体験を積むことができたため、繰り返し操作する姿につながったと考えます。また、児童とのやりとりの中で、わずかな身体の動きや表情の変化に目を向け、児童が何を感じ、何を考えているか熟考されながら、伝える力を育まれていると感じました。今回の取組で育まれた力が、児童の将来の生活にどのようにつながっていくのかや、実態把握から自立活動の指導目標及び指導内容を設定したプロセスについて整理して、これからも「他者に働きかける力」を育んでいただければと思います。児童が、より確実に、より多様な方法で気持ちを伝えることができるよう指導を続けていただくことに期待しています。　　　　　　　　（藤本　圭司）

3 出席とりの学習から得られるもの
〜iPad アプリ「Drop Tap」を活用して〜

大阪府立堺支援学校　教諭　三木　容子

Keywords ①児童同士のかかわり　②双方向のコミュニケーション　③音声言語の代替手段の活用

1 背景

　本校には、日常のよく使われる言語（簡単な指示）をある程度理解し行動に移すこともできますが、音声言語をもたない・もしくは数語程度という児童生徒が多数在籍します。代替手段を活用すれば、もてる力をより発揮できるのではないかと考え、校内に数台しかない高価な音声再生機器・スイッチ等を活用して学習をすすめてきました。GIGAスクール構想により児童生徒一人一人にiPadが用意された際に、NPO法人ドロップレット・プロジェクトが、特別支援教育におけるコミュニケーション支援の充実を目指して開発したシンボル集「ドロップス」を搭載したアプリ「DropTap」については「GIGAスクール端末として導入されている端末がiPadであれば、無償で提供する」との情報を得ました（2023年10月現在も可能）。DropTapは既存の音声再生機器と同等の機能を有しながら、準備に圧倒的な簡便さがあることから、授業の様々な場面で使用できる可能性を感じ、多数の児童生徒のiPadにこのアプリを入れ、使い方を広めてきました。その中で、まずは自立活動の時間に使い方の学習を行い、教科への活用につなげたいと考えた、知的障害を併せ有する肢体不自由児小学部3年1名、4年2名（児童A・B・C）の取組について紹介します。

2 実践・工夫点

　日常生活の中から役割を作り、子どもの活動の広がりを目標に工夫を重ねた実践です。

DropTap
〈アプリの特徴〉2000語のシンボル・音声搭載のコミュニケーション支援アプリ
（NPO法人ドロップレット・プロジェクト）

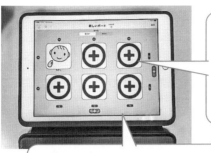

この枠内には、
・ドロップスのシンボル
・その場で撮った写真
・カメラロールに保存された写真
・インターネットで検索した画像
を入れたり、音声を録音することができます。

枠の数は、児童の実態に応じて1個から数十個まで設定を変えることができます。
シンボルや写真等をタップすると、録音された音声を再生することができます。

お名前を呼びます

日直の○○さん、
一緒にお名前を呼びましょう

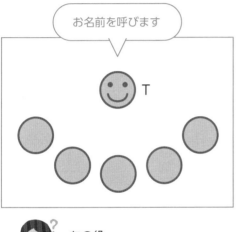

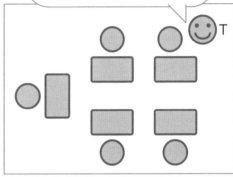

 あの役、
子どもができないかな？

 ○○さん、
みんなの顔見えてる？

音声再生アプリDropTapを使って、○○さんに出席とりをしてもらおう！！

実際は顔写真です

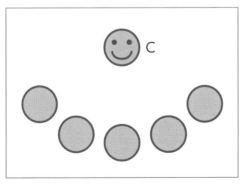

名前を呼ぶ児童が見渡せるように、席の位置を決める。
教員も呼んでもらうように設定にすることで、学習意欲を高める。

3 児童の様子と変化

児童	児童の実態と取り組み当初の様子	取り組み後の変化
A	日常会話の多くを理解していて、指差しや身振りなどで要求を伝えることがある程度可能。発話はなし。日常的にiPadでYouTubeなどを見ていて、ホームボタンを押すことができるため、名前を呼ぶ代替手段ではなく、iPad操作を楽しんでいた。好きな教員の写真を連打していた。	ほとんどの人の名前を呼ぶことができた。全員呼び終わったことが分かり、自分の席に戻ろうとした。
B	独歩可。簡単な指示を理解できる。絵本など好きな物をとることができる。発話はない。ひとりで本を見たり、音の出るおもちゃで遊んだりすることが好き。取り組み当初は「iPadの写真をタップすると音が出る」ということが分かったが、「名前を呼んでいる」という認識はないようだった。	「人を呼ぶ」ということが分かり、タップした後、返事を期待して呼んだ方を見ることができるようになった。「呼んでいない人は誰？」の問いかけで、画面上から呼んでいない人を探すことができた。
C	簡単な指示を理解している。「せんせい」「あつい」「ママ」「○○ちゃん（好きな友達の名前）」など数語言うことができるが、どの教員に対しても「せんせい」と声をかけたり、どの友達に対しても「○○ちゃん」と同じ名前で声をかけていた。声をかけた相手に要求を伝えたり、何かを伝える様子はない。取り組み当初は、自分の顔を隠しながら、教員の手をとってクレーン行動でタップしていた。	教員の手をかりることなく、ひとりで全員の名前を呼べた。返事を期待して呼んだ人の方を見ることができた。 ＊仲間意識ができて、グループの学習の前にAとBを迎えに行こうとする姿が見られた。

	A	B	C
誰の名前を呼びたいか選択する	○	○	○
呼んだ相手が、返事をするのを期待して相手の方を見る	○	○	○
相手の返事を聞いてから、他の児童や教員の名前を呼ぶ	○	△	○
グループすべてを見渡して、呼んでいない人が分かる	○	△	○
全員を呼ぶことができる	△	△	○
ダブルことなく（一人1回）、呼ぶことができる	△	—	○
全員呼び終わったことが分かる	○	—	—

○ ひとりでできる　　△支援があればできる　　—未測定

4 成果と今後の課題

　「出席とり」という課題には、以下の特徴があります。

・呼んだ友達の返事を聞いて次に「何をすべきか」（別の友達や教員を呼ぶ）展開が、分かりやすい。

・活動の終了が分かりやすい。

　「出席とり」に取り組むことにより、欲しいもの・やりたいことを伝える一方向のコミュニケーションではなく、「名前を呼ぶ」→「答える」といった継続的な双方向のコミュニケー

ションの基礎を学ぶことができました。また、児童Aは「活動の終わり」が分かって、席に戻ろうとしたことからも、出席とりという一連のやりとりの中で自分の活動を「役割」と捉え、役割を果たし、やり終えよう、とする意識がみられました。

　担任からは、以下の報告があり、活動に見通しをもちながら、余裕をもって活動に取り組む様子がありました。

①クラスでもこのアプリを活用し、朝の会の司会や、買い物・かくれんぼなど、様々な活動について、教員の支援をほとんど受けることなくできた。

②どの友達も同じ名前で呼んでいた児童Cは、下学年に好きな友達ができ、2名の友達の名前を正しく覚えて言えるようになった（固有名詞の気付き）。周りを見回して、クラスで欠席の児童がいることに気付くと「いない　いない」と言えるようになった。シール貼りの学習でも貼れていないところを探せるようになった。

　今後も、「返事がないときに再度呼名する」などの課題に取り組む他、このアプリを活用してエコーソングや劇遊びなどの学習を行い、児童同士の、双方向コミュニケーションの力を育てていきたいと思います。

＊例：エコーソング「もりのくまさん」

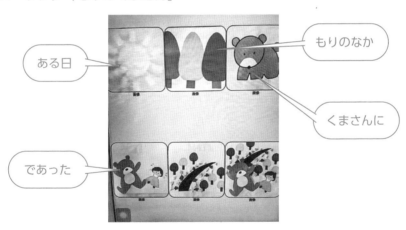

　立位台での授業参加のために、友達と視線をかわすことが難しかったり休憩時間も車いすに乗っているために、友達のすぐそばにいくことが難しいという環境で、児童同士のかかわりの機会が少ない子どもたちが、この代替手段を通してことばと心のコミュニケーションを深めていけたらと考えます。

授業力向上シート

学校名	大阪府立堺支援学校	執筆者名	三木　容子

対象学部	幼 ・ (小) ・ 中 ・ 高	学年	３・４年
集団の人数	３人 （３年１人、４年２人）	教科	自立活動
単元名	－	時数等	週１時間

概　　要

目　標	音声代替手段を活用して、友達の名前を呼ぶ→返事を期待する→返事を聞いて次の友達の名前を呼ぶ→全員の名前を呼ぶという双方向コミュニケーションの力を育む。
方　法	グループの友達や教員の対面に座り、音声代替機能を有したiPadのアプリDrop Tapを活用して友達や教員の写真をタップし、全員の出席をとる。
成果・課題	・iPad上の写真をタップすることで、友達の名前や教員の名前を呼ぶことができると分かった。 ・返事の楽しさを知り、意欲的に呼ぶことができた。 ・返事を期待して友達や教員の顔を見ることができた。 ・全員を呼ぶという役割が分かった。
学習指導要領との関連	本実践は、学習指導要自立活動　６区分27項目より、３人間関係の形成（1）他者のかかわりの基礎に関すること　６コミュニケーション　（1）コミュニケーションの基礎的能力に関すること(2)言語の受容と表出に関すること(4)コミュニケーション手段の選択と活用に関すること　を相互に関連付けて行なった実践であり、学習指導要領解説　自立活動編　第６章自立活動の内容　６コミュニケーション①にあるように、双方向のコミュニケーションが成立することを目指し、指導を進めた。

コメント

　発話や身振りがない又は少ない児童に対して、表出や応答の必要性がある「出席とり」の場面を通して、音声再生アプリを活用して、表出と応答といった、個々に応じたコミュニケーションの基礎的な力を着実に身に付けさせようとする意欲的な取組だと感じました。指導の結果、コミュニケーションに関する意欲も育ってきていることから、今後、今回のアプリを活用して、他の学年の子どもたちや普段の関わりが少ない人とのコミュニケーションを行うような横の拡がりや、アプリの使用頻度を少し減らして自らの音声や身振りの活用を図っていくような縦の拡がりも期待されます。また、今回は自立活動として指導されていますが、今後、国語科の指導として積み上げていくことも期待されると感じました。

　なお、今回使用されたアプリは、その準備に「圧倒的な簡便さがある」というところも注目されると感じました。丁寧な教材研究を行うことはとても大切なことですが、限られた勤務時間の中で効率的・効果的な授業準備を行い、持続可能な形で授業を積み重ね、子どもたちの資質・能力の着実な育成を図ることが重要だと考えられます。

（徳永　亜希雄）

| 中学部 | 音楽

4 バンド演奏「Ob-la-di, Ob-la-da」
〜ICT機器を活用し、イキイキと取り組んだ合奏〜

大阪府立中津支援学校　首席　宇賀　功二

Keywords　①音楽表現　②タブレット端末の活用　③個別最適な学び　④協働的な学び

1 背景

　本校は、肢体不自由のある児童生徒を対象とした特別支援学校です。ここで紹介する実践は、いくつかある学習グループのうち、いわゆる下学年・下学部の教科や知的障害特別支援学校の各教科の目標・内容を学習するグループで、1〜3年生の計6名の生徒が在籍しています。音楽の授業は、週に2回（1時間ずつに分けて）行っています。この年度の学習発表会（中津まつり）で音楽の発表をすることになりました。GIGAスクール構想による一人一台端末のiPadを活用した、学習発表会に向けた実践について報告します。

2 概要

（1）使用したアプリ、機能

GarageBand　　　　カメラ　　　　AirDrop　　　設定：アクセスガイド

（2）バンド演奏（合奏）におけるGIGAスクール構想による一人一台端末の活用

　通常、合奏を行う場合、①曲および担当楽器選択、②個人練習、③合奏練習、④発表という活動の流れが想定できます。今回、①の楽器選択において、iPad本体を楽器の一つとして加えることにしました。生徒個々の障害の状態や特性により実際のギターやピアノを演奏することは困難であっても、音楽制作アプリ「GarageBand」のSmart Guitar（Smart Piano）を使用することで（図1）、タブレット端末の画面に触れるだけで簡単にギターやピアノの音を出すことができます。また、③の合奏演奏をスムーズに行うためには、②個人練習の練習量確保が必須であり、ICT活用による個人練習の効率化を図りました。

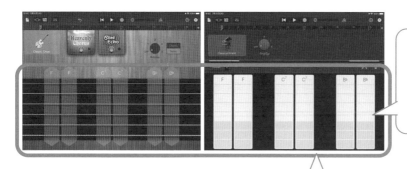

演奏のしやすさや演奏時のミスを少なくするために、同じコードを2つずつ並べて配置し、異なるコードの間を空欄にしています。

この枠内のコードが書かれているところをタップやスワイプすることで音が出ます。

図1　生徒が実際に使用した「GarageBand」のSmart Guitar（左）とSmart Piano（右）の画面

（3）楽器としてのiPad（楽器のアクセシビリティ化）

　バンド演奏ですので基本的に一人一役です。iPadを一つの電子楽器と捉え、和音（コード）を演奏することで、中音域帯の和声の役割を担ってもらいます。

主旋律	グロッケン（1人）
和音	iPad（ギター1人、ピアノ1人）
ベース	バスマリンバ（1人）
リズム	ドラム（太鼓類1人、シンバル1人）

このパートの目的は、和音（スリーコード）を覚え、演奏をすることです。「GarageBand」を使うことで、和音の演奏が容易になりました。

　ここで、iPadを担当する生徒が、本物の楽器と同等の魅力をiPadに見出せる方法を考えました。生徒にとってiPadは、授業等で日常的に慣れ親しんでいるため、他の楽器に比べると、「演奏している」という実感がもちにくいように思ったからです。そこで、生徒たちにとって普段からTVや動画サイト等で目にする機会が多く、「格好いい！」と憧れのあるエレキギターとグランドピアノを段ボールで作り、そこにiPadを入れて演奏することで、実際に楽器を弾いている気持ちをもてるようにしました。

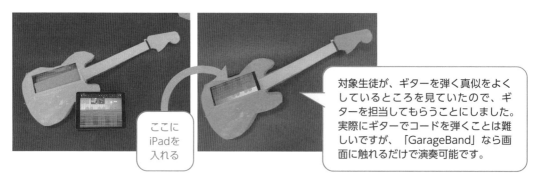

ここにiPadを入れる

対象生徒が、ギターを弾く真似をよくしているところを見ていたので、ギターを担当してもらうことにしました。実際にギターでコードを弾くことは難しいですが、「GarageBand」なら画面に触れるだけで演奏可能です。

図2　段ボールで作成したエレキギターに iPad をはめ込む

　図2は、段ボールで作ったエレキギターの型枠です。生徒自身が好きな色を塗り、リボンを付けたり、キャラクターの絵を描き入れる等のデコレーションをしたことで、「わたしの楽器を弾いている」ことを実感しながら大切に使っていました。準備・片付けも率先して行い、生徒の「楽器を弾きたい」という主体的な学びにつながったと考えます。

（4）練習台（カラオケ）としてのiPad

　個人練習では、個々の生徒が音源に合わせて練習するために「GarageBand」の「再生」機能および「曲のテンポの変更」を使用しました。「再生」は、パートごとにON/OFFが可能で、徐々に再生するパートを増やしていくことにより、音の重なりによる楽曲の変化に容易に気付くことができ、各パートの重要性についても客観的に確認できると考えました。また、「録音」機能を使い、自分の演奏を振り返る活動を行った生徒もいました。

3 実践

　授業の準備物として、生徒全員に簡易楽譜、iPad、楽器（iPadを楽器にしている生徒はなし）を渡しました。生徒個々のiPadには、事前に作成しておいた楽曲データを、AirDropで共有しておきます。併せて、誤操作防止対策と画面上でこちらが意図したところのみ操作が可能になるよう、"アクセスガイド"の設定も必要に応じてしています。

図3　アクセスガイドの設定画面

図4　学習発表会本番の様子①

　簡易楽譜の読み方やiPadの操作方法等を説明すると、さっそく各々がアプリを操作し、「GarageBand」の機能を確かめていました。個人練習の時間は、演奏するコードとリズムパターンを覚えるため、データ再生に合わせての練習を主としました。繰り返し練習に取り組んだことで、楽曲のイメージや楽曲構成の理解・深化にもつながり、個人練習の時間を有効に活用できていました。また、音楽科の教員がいなくても個人練習が可能なので、休み時間等にも自主的に練習をする様子が見られました。

4 | 改善・工夫

　合奏練習に移行した段階で、iPadでの動画撮影も行いました。撮った動画を大型モニターに映し、即時的に振り返る学習に加えて、動画をAirDropにより全員の端末で共有し、個々に振り返る時間も設定しました。

　全体および個別に動画を観ながら振り返ったことにより、これまで気付かなかった様々なこと、「舞台上での立ち居振る舞い」や「テンポのずれ」といったことを客観的に確認することができ、それらを反省点や改善点として共有し、次の活動につなげることができました。

図5　学習発表会本番の様子②

5 | まとめ

　音楽科の表現活動の一つである器楽表現で、ICT機器を活用することの有用性や可能性について考察し実践しました。

　iPadを生徒にとって魅力的に思えるような楽器の一つにしたことが、「演奏してみたい！」という気持ちを引き出し、学びに向かう気持ちを高めることにつながりました。演奏発表の直後、生徒たちは「練習通りできた！」「楽しかった！」と口々に言っていました。これを聞いたとき、肢体不自由があることで活動に制約が生じ、興味関心を拡げる機会が少なくなりがちな生徒たちが、ICT機器の活用によってギターやピアノを弾くことができ、みんなでバンド演奏を成功させることができたという充足感や成就感が得られた活動となったと感じました。

　授業のなかでiPadを使うことで、憧れだった楽器演奏を個別最適な学びを工夫することで実現させ、音楽を演奏する楽しみや喜びを味わい、音や音楽に楽しく関わろうとする主体的な学びへとつなげることができました。併せて、バンド演奏（合奏）を行うことにより、複数の音の重なりや、演奏を通して得られる一体感を味わい、協働して音楽活動（協働的な学び）をする楽しさを体感できたことも大きな収穫です。

授業力向上シート

学校名	大阪府立中津支援学校		執筆者名	宇賀　功二

対象学部	幼・小・(中)・高	学年	1～3年
集団の人数	6人	教科	音楽
単元名	バンド演奏「Ob-la-di, Ob-la-da」	時数等	－

概　　要

目　標	・主要三和音（スリーコード）の違いが分かる。 ・タイミングを合わせてスリーコードを演奏し分ける。 ・伴奏や、友達の演奏に合わせてスリーコードを演奏する。
方　法	・iPadに表示したスリーコード（F, C7, Bb）をそれぞれ音を出し、違いを確認する。 ・指示されたコードをタイミングを合わせてタップもしくはスワイプし、音を出す。 ・「GarageBand」のデータ音源に合わせて演奏し、曲に慣れる。 ・全体合奏する。
成果・課題	・曲のデータを生徒個々のiPadに入れ、共有したことで、テンポ変更や部分練習、録音による振り返り等が容易になり、合奏時以外の時間を個人練習として効率的に使うことができた。 ・実際の楽器を弾くには手指の巧緻な動きや楽器の知識、練習を重ねることが必要だが、iPadを活用することで、幅広い演奏方法や楽器の選択が可能となり、憧れがあったが弾くことに困難のあった楽器を「自分の楽器」として弾くことができ、達成感を得やすく、主体的な学びにつながったと考えらえる。
学習指導要領との関連	本単元、音楽科「バンド演奏『Ob-la-di, Ob-la-da』」は、小学部３段階「Ａ－イ　器楽表現についての知識や技能を身に付ける」の内容として、器楽表現に対する思いをもつこと、リズムや強弱の違いに気付くこと、リズム演奏をする技能、教員や友達の楽器の音を聴いて演奏する技能を身に付けることを取り扱う内容として構成した。

コメント

　肢体不自由のある児童生徒は、音楽の授業での楽器演奏に制約があることが多く、特に上肢や手指機能に制限がある場合は、リコーダー、鍵盤ハーモニカを演奏することは困難です。そのため、合奏の際には打楽器になることが多いです。タブレット端末や携帯電話の楽器演奏アプリは無料のものでも多くの楽器の音を奏でることができ、ネット上には携帯電話４～５台で本格的なバンド演奏を行っている動画も多くあがっています。本実践はタブレット端末の楽器演奏アプリを活用して、バンド演奏に取り組んだもので、生徒は楽器を演奏している達成感を感じ、個人練習も積み重ね、主体的な学びとなっています。録音機能や録画を活用することで演奏の精度を高めるなど指導の進め方もよく考えられていると思います。今後、肢体不自由のある児童生徒の音楽の授業の楽器演奏は、このような楽器演奏アプリを活用することが増えると思われ、本実践はその見本となるものです。

（川間　健之介）

5 訪問学級生徒（精神疾患）が自信を もって前籍校に戻るための取組
～ ICT 機器の活用を通して自己肯定感を高める～

東京都立八王子東特別支援学校　教諭　荒井　諒

Keywords ①病院訪問学級（精神疾患）　② iPad（タブレット端末）　③自己肯定感

1 概要

　八王子東特別支援学校は、肢体不自由の特別支援学校で、本校（在宅訪問学級を含む、小・中・高）と病院訪問学級（小・中）があります。病院訪問学級では、精神疾患のある児童生徒を対象とし、小学部・中学部合わせて約30名が在籍しています。児童生徒は、ゲーム依存や不登校を経験している場合も多くあります。小学部は週５時間（国・算・理・社・課題別）、中学部１・２年生は週４時間（国・数・英・課題別）、中学部３年生は週５時間（国・数・英・進路・課題別）の授業を行っています（課題別は学習支援員による学習保障）。

　在籍児童生徒の多くは集団学習を苦手とし、また、不登校経験等により学習進度が異なっているため、基本的に１対１の個別学習を行っています。児童生徒のほとんどは、自己肯定感が低く、学習に対して意欲的ではありません。そのため、本人や家族、病院と相談し、できるところから学習を始め、本人の治療に合わせて授業を計画します。少しでも自信をつけて退院し、今後の学習につなげていけるように指導を行っています。

　本校では、新しい学びを進めるにあたり、ICTを活用した指導方法における以下の６分類を行い、児童生徒に分かりやすい指導を進めていくこととしています。

（1）ドリル演習様式
　　繰り返し練習する課題を与えて、学習内容の定着を図る。
（2）チュートリアル様式
　　コンピューターが課題を与え、学習者が系統的に学習を進める。
（3）問題解決様式
　　コンピューターが提示した問題に、シミュレーションを行いながら学習者が考察し、問題解決する力を養う。
（4）シミュレーションとゲームの様式
　　実際に観察できにくい事象などを模擬的に提示し、学習ゲームの要素を加味し、意欲的に学習に取り組ませる。
（5）情報検索様式
　　様々なテーマに関する事実や資料を、自らの力で情報検索して学習を進め、情報活用能力の向上を図る。
（6）提示型様式（プレゼンテーション系）
　　プレゼンテーションソフトを用いて授業を行うことで、一括で全体に資料掲示する。
　　ICT教材の基礎なので、教員の使用率も高く、児童生徒も容易に作成することができる。

　この授業では、（1）ドリル・演習様式と（4）シミュレーションとゲームの様式の2項目に基づき、実践を行いました。

　生徒は、書くことが苦手です。また、九九に自信がもてず、その影響から数学に対して否定的な感情をもっています。そこで、iPadアプリ「あそんでまなべる　かけ算　九九」を用いて、書くことの負担を軽減しました。時間を計り意欲的に行えるようにし、九九の定着を図ることで、円滑に正負の数の乗法に取り組めることを目標に取り組みました。

2 指導方法

（1）iPadアプリ「あそんでまなべる　かけ算　九九」

　今回使用したICT機器は、iPadアプリ「あそんでまなべる　かけ算　九九」（図1）です。対象は、不登校や入院等による未学習から基本的な計算能力が定着しておらず、数学に対して否定的な感情をもっている児童生徒です。九九は小学校低学年で扱う内容なので、多くの児童生徒が自信をもって取り組むことができます。また、九九が定着していない児童生徒に対しても事前に九九を確認（図2）し、繰り返し学習することで、九九の定着にもつながります。

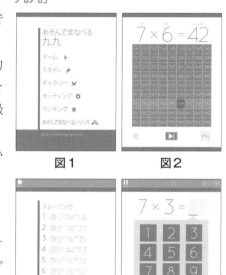

図1　　　　　図2

図3　　　　　図4

　このアプリには、各段ランダム9問（図3）やすべての段のランダム20問（図4）などの学習タイプがあり、汎用性が高いです。毎時間、児童生徒の実態に合わせて活用することが可能です。

（2）病院訪問でのiPadの活用

　病院でのiPadの活用ではいくつかの課題があります。ゲーム依存やネットトラブルが背景にある児童生徒には、主治医と使用制限を確認しつつ、慎重にICT機器の使用を考えていかなくてはいけません。また、衝動性の強い児童生徒には、安全性に配慮して活用を進めています。

　現状では多くの児童生徒がiPadを使用して授業を行うことができています。教員は児童生徒が効果的に学習を行えるように、前述で示したICT活用の6分類に基づき計画的に活用を進めています。ここで紹介した内容以外にも、プレゼンテーション資料の作成や、表計算ソフトを用いて資料の整理を行うなど、退院後の進路を見据えた活動を取り入れたりもしています。また、有効なアプリを見つけたら教員間で共有し、ICT機器の活用の推進を行っています。

本アプリはオフラインでも使用できるため、精密機器の多い病院でも使用することが可能です。

（3）自己肯定感を高めるための取組

病院訪問学級の児童生徒は、不登校等により部分的に未学習のある児童生徒が多く在籍しています。その影響から、勉強に自信がもてず、学習意欲や自己肯定感の低下が課題となっています。そのため、教員の基本的な方針として、間違えさせないことやほめる指導を意識して授業を行っています。その際に、病院や家庭から事前の聞き取りや情報共有を大切にし、児童生徒の実態把握をしています。

本校では、転入して初めての児童生徒に対して授業を行うにあたり、ガイダンスを行っています。その際に、児童生徒の学習状況を把握し、どの学年から授業を進めていくか等を聞き、児童生徒が安心して学習に取り組めるようにしています。さらに、書くことが苦手な児童生徒に対しては、今回のようにICT機器を活用したり、教材作成の際に問題数を精査したりして、児童生徒の負担を軽減しています。

本アプリでの自己肯定感を高める方法として、「即時評価」と「モチベーションの向上」をねらっています。即時評価では生徒の活動終了後60秒以内に、ほめたり評価したりすることで、達成感を得られるようにしています。また、時間を計

図5

る機能も付いているので、毎回記録をつけるのと並行して、生徒の興味のあるもののスタンプを押すことで、意欲の向上につながっています（図5）。さらに、過去の記録を確認させることで、いい記録を出そうと、主体的に取り組むことができています。

（4）退院後に向けた取組

今回使ったアプリは、短時間で行うことができ、退院後も継続しやすいようなアプリです。そのため、児童生徒が退院した後も、本人や保護者の端末からアプリをダウンロードして、継続して取り組むことが可能です。

本病院訪問学級の児童生徒は、前述したように、不登校経験や自己肯定感の低さから集団を苦手にしている児童生徒が多く在籍しています。そのため、入院期間中に集団生活に慣れるための取組を病院と学校で協働して行っています。本校では、「退院後のQOL向上に向けた取組」として、「ビブリオバトル（本の紹介コンテスト）」や「カードゲーム」等を取り入れています。

授業内では、自信をもって学習に臨めるよう既習内容の確認から、様子を見ながら学年相応の内容を取り入れるようにしています。また、退院前に試験的に前籍校に登校を行うので、前籍校との情報共有や授業進度の確認をして、児童生徒が安心して退院できるようにしています。

　東京都では、「TOKYOスマート・スクール・プロジェクト」を推進していて、GIGAスクール構想の実現に向け、児童生徒一人一台端末の導入を実施しています。前籍校に戻ってからもスムーズにタブレット端末等のICT機器を使用できるように、本実践のように効果的なICT機器の活用を考察し、積極的に授業に取り入れています。

3　成果と課題

（1）成果

　iPadのアプリを使用することで、今までは書かせていたものが、タッチ操作や入力になり、書くことが苦手な児童生徒も抵抗なく取り組めるようになりました。本実践で行った「九九」は、小学校低学年で学習する内容で、既習の児童生徒が多く、自信をもって取り組むことができました。また、自信のない児童生徒も、事前に九九の確認をすることで、間違えることが少なくなり、達成感を得ることができました。単にアプリに取り組むだけでなく、毎回記録を取り、結果を確認させることで、次はいい結果を出そうと意欲的に取り組む様子が増えてきました。

　授業以外の時間は友達と遊んでいる児童生徒が多く、授業への気持ちの切り替えに課題のある児童生徒がいます。授業開始直後に本アプリを取り入れたことで、児童生徒も数学が始まるという気持ちの準備をスムーズにできるようになるなどの相乗効果も得られました。

（2）課題

　iPadの使用は、入院中の児童生徒には刺激が強く、一度使用するとなかなか切り替えが難しい児童生徒もいます。使用の際は、ルールを決めて、本人の同意が得られたときにのみ使用することにしています。今後、こだわりが強く、気持ちの切り替えに課題のある児童生徒が入院した場合は、主治医や他の教員と相談し、個に応じたよりよい使い方を都度検討していきたいと思います。

4　まとめ

　本実践を通して、自己肯定感が低く、学習に対して意欲的ではない児童生徒に対してのアプローチとして、既習の内容や得意なことから始め、繰り返し学習を行い、確実な定着を図ることで、自信をもって授業に参加することができ、学習意欲の向上にもつながることが分かりました。また、本アプリのように、既存のアプリを効果的に使用することで、授業準備の負担軽減にもなり、教員、児童生徒双方にメリットがあることが分かりました。

　今後も、ICT機器を効果的に活用していき、児童生徒の自己肯定感が高まり、意欲的に学習できる環境を整えていきたいと思います。

授業力向上シート

学校名	東京都立八王子東特別支援学校		執筆者名	荒井　諒

対象学部	幼・小・中（訪問学級）・高	学年	1年
集団の人数	1人	教科	数学
単元名	正負の数（四則演算）	時数等	－

概　　要

目　標	・不登校等により下学年対応が必要な生徒に対して、九九の定着を図る。 ・ゲーム形式にすることで、数学に対する苦手意識の軽減を図る。
方　法	・iPadのアプリ「あそんでまなべる九九」を用いて、ランダム20問に取り組む。 ・事前に九九を確認して、自信をもって取り組めるようにする。
成果・課題	・毎時間記録を取ることで、意欲の向上につながった。 ・授業開始直後に行うことで、授業への気持ちの切り替えがスムーズになった。 ・ゲーム形式のため、こだわりが強い生徒は切り替えが難しいときがある。
学習指導要領との関連	「中学校学習指導要領数学、第1節数学科の目標、1教科の目標、（2）目標について」にあるように、数学のよさを実感して粘り強く考え、数学を生活や学習に生かそうとする態度を養うためにも、本実践で基本的な計算能力の向上を行う。また、生徒の自信のある題材を用いて、自信をもって取り組ませることで、自己肯定感の向上を図る。

コメント

　学習への否定的な意識や未学習経験をもつ児童生徒が自信をもって学習に取り組めるように既習事項である掛け算のアプリを用いて学習に取り組んだ実践です。書字に苦手さのある児童生徒にはiPadを活用することで書字への負担を軽減し、出題パターンを変更することで児童生徒の学習進度の違いに対応しています。さらに、学習への意欲の喚起や九九の定着の促進といった児童生徒に合わせた目標も設定していることは、ICTの活用により指導の個別化を実現していると言えます。

　オフラインで使用といった院内での活用しやすい要素に加えて、退院後も活用を継続していくことを意識して短時間で活用できるアプリを選定されています。訪問学級在籍中の学習の充実はもちろん、家庭や前籍校での活用への継続を意識することは、ICTの日常的な活用につなげるための重要な視点です。さらに、学校としてICTを活用した指導方法の分類を行い、計画的に指導を進めていくことは、一部の教員の知識や熱意に依存しない学校全体の持続的なICT活用の推進に大きな助けとなるでしょう。本事例は計画的にICTの活用に取り組まれた参考とするところの多い事例です。

（織田　晃嘉）

| 小学部 | 理科

6 理科教育にデジタルツールを効果的に取り入れた取組
〜ディスプレイ付デジタル顕微鏡・電子黒板を活用して〜

静岡県立中央特別支援学校　教諭　滝本　里夏

Keywords　①姿勢への配慮　②児童の視線　③表現するためのツール

1 指導目標

（1）学習グループの実態

　本校の小学部には52人（令和5年度5月現在）の児童が在籍しており、本事例のグループは準ずる教育課程で学習する3人の集団です。3人とも車いすに乗車して授業に参加していて、筋緊張が強く、姿勢保持には配慮を要する児童や、筋力が弱く、物を扱う際に支援を要する児童がいます。

　児童3人は学習に意欲的で、興味・関心があることや疑問に思ったことについて積極的に発言します。身体の動きに困難があることから、様々なことを体験する機会が不足したまま、言葉や知識を習得しているため、実験や観察の機会を多く設定する等、実感を伴った学びを大切にしています。

（2）目標

　本事例は「小学校学習指導要領理科第5学年B生命・地球（1）植物の発芽、成長、結実」を扱います。本単元では、「身近な植物の花のつくりや結実の様子に着目し、それらに関わる条件を制御しながら調べ、植物の育ち方を捉える」ことを目標としています。本実践事例では、身近な植物の結実や成長と関連させていくために身近な植物であるアサガオを用い、おしべやめしべなどの花のつくりや花粉を調べる活動を行いました。

2 指導方法

（1）学習時の姿勢に配慮した指導方法の工夫

　筋緊張が強い児童にとって顕微鏡の接眼レンズをのぞき込む姿勢をとることは安定せず、姿勢保持のために力を使い、疲労しやすくなるので、観察に集中し難くなります。そこで、観察にはディスプレイ付きのデジタル顕微鏡を用いることで、安定した姿勢を保持したまま観察することができるようにしました（図1）。

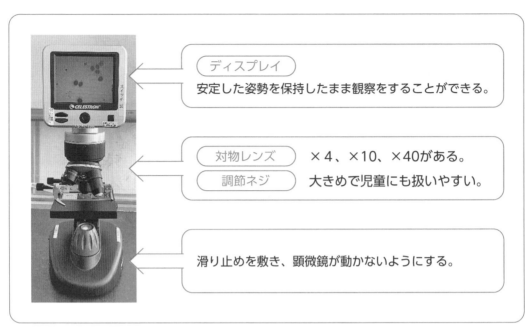

ディスプレイ
安定した姿勢を保持したまま観察をすることができる。

対物レンズ　×4、×10、×40がある。
調節ネジ　大きめで児童にも扱いやすい。

滑り止めを敷き、顕微鏡が動かないようにする。

図1　ディスプレイ付デジタル顕微鏡

（2）デジタルツールの効果的な活用

　授業では電子黒板を活用しました（図2、3）。アサガオの花の断面を提示し、児童が観察によって気が付いたことを発表し、電子黒板にそのことを書き示すようにしました。拡大が可能なため、細部まで花のつくりを確認することができます。また、専用のペンを使用することにより児童の発言をその場で書き込んだり、児童が持つ端末とつなげて、児童の考えを映し出したりしていきました。電子黒板に書き込んだり、映し出したりしたものはデータとして保存できるため、必要に応じて自由に再提示することも可能です。

図2　電子黒板

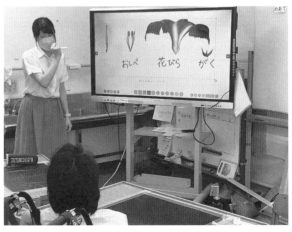

図3　電子黒板を活用した授業

3 成果と課題

（1）学習時の姿勢に配慮した指導方法の工夫

　筋緊張が強い児童にとって、車いすに乗車したままの姿勢で顕微鏡の接眼レンズを覗き込み、対象物を観察することは非常に負担がかかり、姿勢も安定しません。その点、図1のようなディスプレイ付デジタル顕微鏡は、車いすに乗車したままの姿勢で対象物を観察することが可能です（図4）。実際、筋緊張が強い児童も安定した姿勢を保ったままディスプレイを通して観察を行うことができました。ディスプレイが大きいため、3人の児童が一緒に確認することも可能でした。また、プレパラートを入れ替え、互いの発見を共有することもできました。

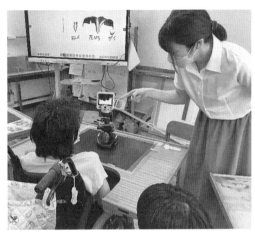

図4　ディスプレイ付デジタル顕微鏡使用風景

　「これだったら、みんな見られるね。」「観察しやすいね。」と児童からも好評で、どの児童もこの顕微鏡の使用を希望していました。

　特別支援学校学習指導要領解説各教科等編（小学部・中学部）でも、肢体不自由特別支援学校では、具体物を見ることや実物を観察すること、学習時の安定した姿勢を保つことの重要性について述べられています。今回、授業におけるディスプレイ付デジタル顕微鏡の有用性を感じられたため、学習環境の整備のために、台数を確保できるようにしていきたいです。

（2）デジタルツールの効果的な活用

　今回の授業では、拡大提示と意見共有の場面で電子黒板を利用しました。

　拡大提示の場面では、アサガオの花の断面を電子黒板で拡大提示しました。これまでは、手元にある教科書やノートを見ながら説明を聞くという場面が多かったのですが、これでは教員が意図しているところに注目できているかどうか評価がしにくいと感じていました。電子黒板で見せたい物を拡大提示することにより、児童の視線を集められたので、児童がどこに注目しているのかを確認しながら授業を進めることができました。

　また、電子黒板にデータを保存しておける点も授業に有効であると感じました。これまでも、写真や図等を拡大コピーして提示してきましたが、学びの履歴をデジタル保存したり、いつでも拡大図や写真を呼び出し、提示したりすることができるようになりました。授業準備の効率化にもつながり、その分の時間は児童と向き合う時間の確保につなげることができました。

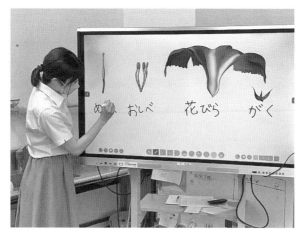

図5　電子黒板に拡大図を提示している場面

　意見共有場面での電子黒板の利用については、児童が持つ一人一台端末を電子黒板に接続し、児童一人一人の考えを画面に映し出して共有しながら行いました。端末の接続はケーブルをつなぎ合わせるだけで行うことができます。また、足りない部分はその場で書き加えることもできます。これまで意見交換の場面では、児童が自分のノートを見せたり、投影装置でスクリーンに投影させて、それを見せたりして行ってきました。ノートは小さく見にくい点が、投影装置は準備に手間がかかり、データを保存することができない点が、それぞれデメリットでした。電子黒板と端末をつなぐことにより、それらデメリットは解消され、意見交換の時間を設定できたことも電子黒板活用のメリットとして挙げられます。

（3）今後に向けて

　最近では、児童が電子黒板や端末の使用に慣れ、その有効性を認識してきており、自ら「先生、このことについて説明したいので（電子黒板に端末を）つないでください。」と依頼してくるようになりました。自分の考えを友達に伝えたい、友達がどのように考えているのか知りたいという気持ちが育ってきています。

　自分の考えを発表したり、友達の考えを聞いて、自分の考えと比べたりする対話的な学びの場面が増えたことにより、これまでの学習内容と現在の学びを関連させた発言が増加する等、児童の思考の深まりを感じています。

　これらデジタルツールについて「考えを表現する際に有効なツールである」と認識し、積極的に活用したことで、高い学習効果が得られたと考えます。今回は理科の授業での実践でしたが、他教科でも積極的にデジタル機器の活用を考えていこうと思います。

授業力向上シート

学校名	静岡県立中央特別支援学校		執筆者名	滝本　里夏

対象学部	幼・⦿小・中・高	学年	5年
集団の人数	3人	教科	理科
単元名	生命のつながり（3） 植物の実や種子のでき方	時数等	－

概　　要

目　標	花のつくり調べや顕微鏡を使っての花粉の観察を行い、身近な植物の花のつくりと結実について関連させて考える。
方　法	アサガオの花を用いて、花のつくりを観察した。細かいところや興味をもった部分について観察できるようにデジタル顕微鏡を用意した。また、電子黒板にアサガオの花の断面図を映し出すことにより、観察によって花はいくつかの部分からできていることを確認した。
成果・課題	結果等を電子黒板に映し出しすることで、視点の共有や部分の確認に役立った。児童が解決したい課題の共有や、気付き、発言を書き込むことで、思考の流れの提示や整理に生かせた。
学習指導要領との関連	「小学校学習指導要領理科第5学年B生命・地球(1)植物の発芽、成長、結実」について扱った。本単元では、花のつくりや結実の様子に着目し、それらに関わる条件を制御しながら調べ、植物の育ち方を捉えることを目標としている。本実践事例では、身近な植物の結実や成長と関連させていくために、アサガオを用い、おしべやめしべなどの花のつくりや花粉を調べる活動を行った。

コメント

　肢体不自由のある児童生徒の教科の授業の中で理科の授業では、上肢機能に制限がある場合、実験器具等の扱いができないため、教員が行う実験を観察するにとどまることが多いです。また、車いすを使用している場合では、対象物の観察のために移動や姿勢変換を行うことが困難であり、観察が十分に行えないことも少なくありません。

　本実践では、筋緊張が強く姿勢の維持が困難である生徒に対してディスプレイ付デジタル顕微鏡を使用し、より深い学習を進めています。また電子黒板を活用することで各生徒のタブレット端末と電子黒板で画面を共有し、書き込み等も相互に行っています。このようにICT機器を活用することで、特に重度の肢体不自由のある児童生徒の学びはより深いものとなっていきます。理科の授業だけではなく、他の教科の授業においても一人一人の障害の状態に応じて、効果的なICT機器の活用が期待できます。その際、本実践は大いに参考になると思います。

（川間　健之介）

7 デジタルを活用した肢体不自由児の算数科指導の実践
〜準ずる教育課程の教育 DX 〜

東京都立府中けやきの森学園　教諭　渡邉　亜衣

Keywords　①デジタル教科書　② デジタル教材　③デジタルノートブック

1 概要

　東京都立府中けやきの森学園（以下、本校）は、準ずる教育課程で学ぶ児童生徒に対して、令和4年度より学習者用デジタル教科書を用いた指導に取り組んでいます。併せて、デジタルノートブック（Microsoft OneNote Class Notebook）を使用した学習指導を行っています。

　長時間の座位姿勢をとることが難しい児童は、ノートをとることやページをめくることが困難でした。授業では、その困難さを軽減して、児童が「自分でできた」という達成感を得ることを目的としながら、教材のデジタル化を進めました。その結果、肢体不自由に起因する困難を克服するための教材のデジタル化は、主体的・対話的で深い学びの視点からの授業改善にもつながりました。

　本稿では、準ずる教育課程で学ぶ小学部の5・6年児童のデジタルを活用した学習指導の実践例を報告します。

2 実践

（1）デジタルノートブックの活用

　準ずる教育課程で学ぶ小学部の5・6年児童は、ほぼすべての教科でデジタルノートブック（以下、ノートブック）を使用して学習しています（図1）。

　このノートブックはページにタッチペンで筆記でき、スペースを自分にとってちょうどよい大きさに拡大して書き込めます。テキスト入力も可能です。ローマ字入力やかな入力、フリック入力、音声入力など、児童に合った方法でノートが取れます。間違えた箇所は、消しゴム機能で消したり、「元に戻す」機能を使用したりして修正します。指先の力や巧緻性の問題で、肢体不自由児にとって鉛筆で書いたものを消しゴムで消すという作業は、思うように消せない、時間がかかる、誰かに頼むなどと簡単ではない作業でした。デジタルではトライ＆エラーが簡単にできるので、消す作業で学習が滞ることが減り、意欲的に

学習に取り組めます。

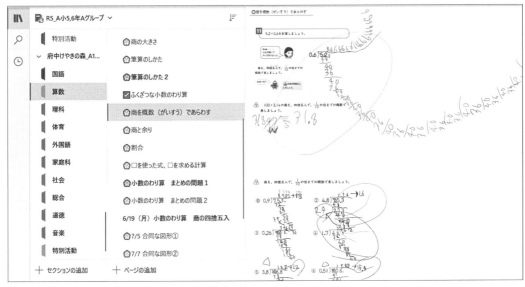

図1　デジタルノートブック

　また、複数のノートブックのウィンドウを並べての比較もでき、他の児童の考えを知ったり、自分の考えとの違いを比べたりできました（図2）。

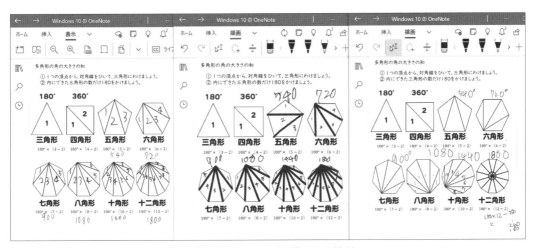

図2　複数のノートブックの比較

　教員もオンラインでいつでもノートブックにアクセスし、添削やコメントを残せるので、対話的で深い学びもしやすくなります。

（2）デジタル教科書（デジタル教材）の活用

　図3は、小学5年算数「合同な図形」
の授業風景です。教員は指導用デジタル
教科書をモニターに映して説明します。
児童は、手元の端末にある学習者用デジ
タル教科書を操作したり、実物の平面模
型に触れて操作したり、作図したりして
学習を進めました。

　デジタル教科書には豊富なコンテンツ
（デジタル教材）が含まれており、児童

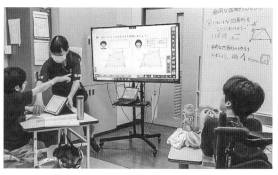

図3　指導者用と学習者用デジタル教科書

が必要なものを取り出して活用できます。この単元では、合同な図形の対応する頂点・辺・
角のフラッシュカード、作図過程のスライドショーやアニメーション、図形の操作のシミュ
レーションなどがありました（図4〜6）。これらのデジタルコンテンツは、直感的に入
力した結果が図や表として表せ、修正したり、再現したり、削除したりする操作も簡単に
できるので、取り組みやすく、集中して活動していました。

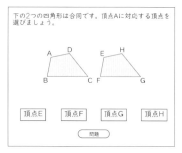

図4　フラッシュカード

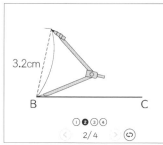

図5　スライドショー

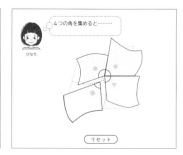

図6　シミュレーション

　デジタル教科書上にもコンパスや分度器などのツールがありますが、拡大して使えな
かったり、決まったページでしか使用できなかったりと思うような作図はできませんでし
た。そこで、作図用のワークシートを用意し、実際にコンパスや定規で長さを測ったり、
線を引いたりして作図をし、デジタル教科書は作図の工程を確認するときに使用しました
（図7）。手順を繰り返し確かめることができるので、自分の力で課題をやり遂げること
ができました。

　学習の最後に、Microsoft Formsを使用して、アンケートとクイズに取り組んでもらい
ました。今回の授業の知識と理解の定着度を図り、次の授業改善へと活かせるよう活用し
ています。

図7　デジタル教材を活用しながら作図を行う

（3）一人一台端末を活用した家庭での学習例

　病弱または入院などで学校を欠席することが多い児童は、学習の遅れや獲得の不十分さが生じやすくなります。そこで、体調が比較的安定し、家庭で授業が受けられる環境が整えば、Microsoft Teamsの会議に参加する形で端末のカメラを通してリアルタイムで学校の授業を受けるようにしました。

　このような家庭での学習には、デジタルノートブックの活用が有効です。教員が課題を配布し、児童が入力した内容を把握する、といったフィードバックが瞬時にできるからです。デジタルノートブックには、写真や動画、音声、URLを貼り付けるなど自由に編集することができるので、受けられなかった授業の支援ツールとしても、便利に活用しています。

3 成果と課題

　各授業後のアンケートの結果から、児童は学習者用デジタル教科書を用いた授業は分かりやすく、デジタルノートブックを使用した学習は取り組みやすいと感じていることが分かりました。

　教員の説明を聞いて、指示に従うだけの授業よりも、デジタル教材を活用しながら、自分に合った方法で取り組める授業のほうが、「自分でできた」という充実感も得られ、主体的・対話的で深い学びを実現できています。学習を進めるうちに、児童は自分に合った使い方を工夫し、教員や他の児童に便利な使い方や分かったことを伝えようとするなど、新しいことを人と共有することでも生き生きとした表情を見せていました。

　一方、実物に触れて操作するといった体感を得ながらの学びは、デジタルだけでは不十分です。場面に応じて使い分けるなど、双方のメリットを組み合わせながら、児童のより深い学びが得られるよう、これからも工夫していくことが大切だと考えています。

授業力向上シート

学校名	東京都立府中けやきの森学園		執筆者名	渡邉　亜衣

対象学部	幼・⑩・中・高	学年	5年
集団の人数	3人	教科	算数
単元名	合同な図形	時数等	11時間

概　　要

目　標	教材のデジタル化を進めることで、児童が肢体不自由に起因する困難を克服し、主体的・対話的で深い学びを得られるようにする。
方　法	（1）デジタルノートブック（Microsoft Class Notebook）の活用 （2）デジタル教科書・デジタル教材の活用 （3）一人一台端末を活用した家庭での学習
成果・課題	デジタル教科書やデジタル教材を、児童は自分に合った使い方を工夫し、分かったことを自ら共有しようとするなど、主体的で対話的な深い学びにつながっていった。 　体感的な学びはデジタルだけでは不十分な点もあるので、工夫していく必要がある。
学習指導要領との関連	小学校学習指導要領第2章各教科第3節算数第5学年1目標「図形を構成する要素や図形間の関係などに着目し，図形の性質について考察する力を養う」2内容B図形「（イ）三角形や四角形など多角形についての簡単な性質を理解すること」に基づき、児童が学習者用デジタル教科書及びデジタル教材を活用しながら、合同な図形を描いたり、三角形の内角の和が180°であること、それを利用して多角形の内角の和が求められることを算数的活動を通して理解できるよう指導した。

コメント

　従来の板書を中心とした授業展開の場合、児童の細かい思考過程を一斉に提示しながら授業を展開することは難しかったと思います。本実践にあるようにウィンドウを並べて手軽に比較することができるのは、ICT機器の特徴を生かした授業展開です。従来の授業スタイルにとらわれることなく、今後も新たな授業展開の工夫に期待しています。その一方で、作図の部分では、ワークシートを活用し実測や作図を行った点も、大変重要な視点だと思います。すべての学習場面でICT機器を用いて行うという発想ではなく、指導目標や指導内容、そして児童生徒の実態等を見ながら、具体物や実際の操作を取り入れることも検討して授業をデザインしていくことの重要性を改めて学びました。

　知的障害を伴わない肢体不自由児は、地域の小・中学校等にも一定数在籍している現状があります。小・中学校等からの要請に基づいて、肢体不自由児の障害特性を踏まえた指導に関する相談を受けた場合、本実践のような具体を示しながら助言することで、相手の理解を深めることにつながるかと思います。引き続き様々な教科の実践の蓄積を期待します。　　　　　（北川　貴章）

8

| 小学部 | 外国語

デジタル教科書を活用した
指導の工夫
〜外国語（英語）の授業を通して〜

東京都立あきる野学園　主任教諭　西　明子

Keywords　①デジタル教科書の活用　②興味・意欲を高める工夫　③自発的な学び

1 背景と目的

（1）デジタル教科書の活用の目的

　対象は準ずる教育課程の2名で、英語には興味があるものの、生活経験の少なさゆえに日本語の語彙が少なく、新たに英単語を覚えることに困難さがありました。さらに、5・6年の外国語では読み書きの学習が増え、「英単語を読めず、意味が分からない」「文の形での表現が難しく、覚えられない」といった課題が生じ、児童は、楽しさよりも難しさや大変さを強く感じるようになっていました。

　そこで、外国語学習の原点に立ち返り、「英語に興味・関心をもつ」「英語を使ってコミュニケーションを図る楽しさを知る」ことに主眼を置き、指導内容を再構築することにしました。その際に考慮した点は、下記のとおりです。

> 1）ネイティヴスピーカーの発音を聞くことで、日本語と英語の違いをより明確に知り、英語への興味・関心を深める。
> 2）ゲーム形式の学習を取り入れることで、楽しく英単語を覚える。
> 3）イラストや選択肢を用いて答えやすくすることで、苦手感を軽減する。

　1）に関しては、小学校全科の教員は英語が堪能とは限らず、正確に発音したり文章を話したりすることが難しいという課題がありました。教科書のデジタル教材を活用してネイティヴスピーカーの音声を再生すると、抑揚や発音の仕方の違いにすぐに気付き、楽しみながら積極的に発音を模倣しようとするなど、明らかな学習意欲の高まりがありました。2）3）に関しては、従前の絵カード等を用いた学習に代えて、デジタル教材の絵カード教材を活用したところ、提示のテンポのよさで集中して取り組めました。

　こうした中、本校へのデジタル教科書導入を契機に、デジタル教科書のコンテンツを授業に組み入れることで、児童が「分かる」「楽しい」授業ができるのではないか、外国語や外国の文化に対する興味・関心を広げつつ、知識や表現を獲得できるのではないかと考え、デジタル教科書を生かした実践を進めることにしました。

（2）デジタル教科書の有用性

【導入以前】
・教科書のQRコードを読み取りWebサイトを立ち上げる、指導書付属のDVDを再生するなど、いくつかの手順を踏む必要があった。
・一つのまとまった音声や映像となっているため、繰り返したり、途中から再生したりするのに時間を要した。

【導入後】
・再生マークを押すだけで再生でき、直感的かつ簡便となった。
・画像ごとに再生できる、再生速度を変更する、字幕を付けるなど、様々な再生の仕方ができるようになった。
・児童が簡単に操作でき、自学自習や反復学習がしやすくなった。

2 実践例 ＊光村図書「Here We Go!」5、6を使用

　集団での学習においては、デジタル教科書をテレビモニターに映し出し、友達と一緒に考えたり、意見を出し合ったりする活動を行いました。

（1）ネイティヴな発音の聞き取りや模倣、簡単な文の内容理解

○5年Unit 7「What would you like?」における実践

【内容】 単語の習得　＊p.82,83のコンテンツを活用

> p.82,83の挿絵を見ながら、知っている食べ物の名前を日本語で表現した後、ネイティヴスピーカーの発音を聞く。

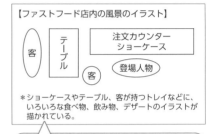

【ファストフード店内の風景のイラスト】

客	テーブル	注文カウンター ショーケース
		登場人物
	客	

＊ショーケースやテーブル、客が持つトレイなどに、いろいろな食べ物、飲み物、デザートのイラストが描かれている。

> 食べ物の英語表記をクリックすると音声が再生されます。児童は何度も即時に再生することができました。

・「同じ」「似ている」「違う」ところはどこか尋ねると、児童から「もう1回聞かせて！」と要求があり、再生すると自発的に復唱する様子が見られました。
・「ハンバーガー」「アイスクリーム」「サラダ」など外来語として聞きなじみのある言葉が多く、分かりやすかったこともあり、「オレンジジュース→オゥレンジジュースは、言葉は同じだけど言い方が少し違う。」「ステーキ→ステイク、オムレツ→オムレット、プリン→プディング、ケーキ→ケイクは、似ているけれど言葉が少し違う。」「ハンバーガーのバーガーが何か変。」「フライドポテトはフレンチフライって言うんだ。知らなかった！」等、気付いたことを次々に挙げるなど、興味をもって意欲的に学習に参加できていました。
・ネイティヴな発音を繰り返し聞き復唱したことで、「スパゲティ」「パーフェー」「アイスクリィーム」「コゥフィー」など、自発的に英語のアクセントや言い方に近い表現で発音しようとする姿勢が培われ、学習効果が得られました。

○6年Unit 3「What do you want to watch?」における実践

【内容】 単語や文の聴取と理解　＊p.40,42のコンテンツを活用

> 取り組む前に、文字カードで基本表現を示し、その後ネイティヴスピーカーの発音を聞く。

・はじめは再生速度を下げても聞き取りは難しかったのですが、慣れてくると「普通の速さで聞いてみたい」という声が上がるようになりました。速度が遅いと英語本来のリズムが崩れ、かえって分かりにくいことがあるとのことでした。活用当初はネイティヴスピーカーの発音に戸惑っていましたが、活用を通して英語の抑揚や発音に少しずつ慣れ、聞き取ろうとする意欲も向上するなど、学習態度に変化が見られました。

Let's watch　Let's listen

（2）ゲームを通した単語の理解と獲得
○6年Unit 2「Welcome to Japan」における実践

①行事名の音声を再生し、続けて児童が唱える。
②全てのカードを裏返し、1枚ずつ開いていく。
③最後に残ったカードが何かを推理して、英語で答える。
④全てのカードを裏返して、カードをシャッフルする。
＊以降、②③④を繰り返す。

p.29 メモリーゲーム

・児童は、開いたカードを見ながら「○○はあるよね。」「○○でしょ、○○でしょ。」と、自然に単語を口にしていました。
・ゲームを楽しむと同時に音声も再生できるため、何度も行事名を復唱する機会を設けることができました。何度も繰り返すうちに行事名を覚え、残りの行事名の想起が早くなってきました。

・従来の絵カードでは裏返したりシャッフルしたりする作業に時間を要しましたが、デジタル教科書のコンテンツではそれらの作業がクリック操作で簡便にでき、時間短縮を図れたことで取り組む回数を増やすことができました。進めるテンポのよさもあり、絵カードを使ったとき以上に児童の集中や意欲が持続しました。

（3）映像を通した諸外国の文化の理解
○6年Unit 1「This is me」における実践　＊p.24のWorld tourを活用

①児童は見たい国の番号を選んで英語で伝える。
②動画を視聴し、「小学生の名前」「住んでいる国」「好きなこと」「できること」などの中から聞き取れたことや分かったことを伝える。
③再度動画を見ながら、日本語訳を伝え、内容の理解を深める。

世界地図
＊地図の周りに12か国の小学生の写真と国旗が配置されている。

・5年のUnit 6で国名の学習をしたことを思い出し、いくつかの国名を聞き取れました。また、ペットやスポーツ、料理など共感しやすい事柄には興味を示し、「私も同じ」「私は○○したい」など、自分と照らし合わせて意見を述べていました。宗教などなじみのない事柄は、文化的背景を知らないため理解しにくさを伴いましたが、異文化に触れるという目的は達成できました。

（4）正確な書字の定着

○アルファベット表筆順アニメーションの活用

・活用前は、四線に書くときに、線の長さや形、向き、筆順を気にせず適当に書いていましたが、活用後は、画面を見ながら、指で線をたどって正しい形や筆順を覚えようとするとともに、大文字の「K」と小文字の「k」の違い、小文字の「b」と「d」、「h」と「n」の違い、「f」と「r」の丸め方などを意識して書こうとするなど、意識の変化が見られました。

3 成果と課題

（1）成果

・簡便な操作で何度も再生することが可能で、復唱の機会を多く設けられました。

・ネイティヴスピーカーの発音を聞き、同じように発音してみようと自発的に模倣する姿が見られました。また、模倣することで覚えた単語が増えました。

・音声だけでなく、字幕を付けて繰り返し聞くことにより、文字による単語の理解が少しずつ深まりました。

・問題形式の課題では、キーワードとなる単語を聞き取ろうと集中して耳を傾けるなど、学習に向かう態度に変化が見られました。

（2）課題と今後の展望

・児童の実態を考えると、基本表現の聞き取りとしての活用に焦点を絞り、それを生かした指導内容の工夫が児童の興味関心や意欲を高め、基本表現の定着につながると感じました。コンテンツの活用方法及び授業展開の研究が今後の課題です。

・集団指導では一定の成果が得られましたが、GIGAスクール端末を活用し、個人の反復学習を取り入れることでより定着を図れると考えています。限られた時数の中で、授業の中にどう組み入れていくか検討を進めていきます。

授業力向上シート

学校名	東京都立あきる野学園		執筆者名	西　明子
対象学部	幼・⑭・中・高	学年	\multicolumn{2}{l	}{5・6年}
集団の人数	2人	教科	\multicolumn{2}{l	}{外国語}
単元名	－	時数等	\multicolumn{2}{l	}{－}

概　　要

目　標	デジタル教材を活用した外国語によるコミュニケーションの基礎的な力の獲得
方　法	デジタル教科書の再生・反復機能の活用　（1）ネイティヴな発音の聞き取りや模倣、簡単な文の内容理解　（2）ゲームを通した単語の理解と獲得　（3）映像を通した諸外国の文化の理解　（4）正確な書字の定着
成果・課題	〈成果〉 ・繰り返し聞いて模倣することにより、聞き取れる単語が徐々に増えてきた。 ・問題形式の課題では、キーワードとなる単語を熱心に聞き取ろうとする、いわゆる傾聴の姿勢が高まった。 〈課題〉 ・デジタル教科書のどのコンテンツを選び、どのように学習活動に組み入れていくことが適切かの検討。 ・GIGAスクール端末を活用した個人の反復学習を授業の中にどのように組み入れるべきかの検討。
学習指導要領との関連	小学校英語の1目標（1）聞くことのア、（3）話すこと［やり取り］のイ、ウ、（5）書くことのアに基づき、2内容のうち、【（1）のエ（ア）】文の基本表現を理解する。【（2）のア】伝える内容を整理し、考えや気持ちなどを伝える。【（3）のア（ア）】簡単な語句や基本的な表現を聞き取って、イラストや写真を選ぶ。【ウ（イ）】考えや気持ちを伝えたり、簡単な質疑応答をしたりする。【オ（ア）】文字の読みを聞いて、アルファベットを書く。【オ（イ）】読み手が分かるように、簡単な語句を書き写す。ことを中心に指導を行った。小学校段階として、まずは外国語に興味・関心をもち、外国語を使ってコミュニケーションを図る楽しさを知ることに主眼を置きつつ、簡単な単語や構文、書字の基礎の獲得を目指した授業内容を設定した。

コメント

　最初に「生活経験の少なさゆえに日本語の語彙が少なく…」と書いてあるように、小学校、中学校、高等学校の各教科の目標と内容で学ぶ肢体不自由のある児童生徒では、語彙が少ないあるいは言語概念がしっかりと育っていないことがたびたびあります。そこで本実践のように「英語に興味・関心をもつ」「英語を使ってコミュニケーションを図る楽しさを知る」ことに主眼を置いて指導内容を再構築する必要があると思います。その際、児童生徒がネイティブスピーカーの発音をしっかりと聞いて英語を学びたい意欲がより高まっていくことが重要です。本実践ではデジタル教科書を使用することについて、児童の学びがより主体的なものとなっている様子が分かります。ネイティブスピーカーの発音を聞き、同じように発音しようと模倣する姿が見られ、模倣することによってさらに覚えた単語が増えています。デジタル教科書を活用する一番大きなメリットは、児童生徒の学びがより主体的になることです。本実践はこのことをしっかりと示しており、他の教科も含めてデジタル教科書の活用の参考となります。　　　　　（川間　健之介）

9 自分で調べ、考え、伝える力の向上を目指した指導の工夫
～情報機器を活用した生活単元学習の実践～

秋田県立秋田きらり支援学校　教諭　熊地　勇太

Keywords ①調べ学習　②インタビュー　③新聞制作　④掲示の重要性

1 概要

　本学級は男子１名、女子１名で知的代替の教育課程で学ぶ中学部３年生の学級です。学習には意欲的で自分の役割に責任をもって取り組みます。上肢にまひがあり、「書く」という活動に難しさを伴い、時間がかかります。また、人と話すことが好きですが、自分の考えや気持ちをうまく伝えられなかったり、伝えたいことをまとめられず話が長くなったりすることがあります。

　生徒たちはこれまで、１年生のときに「Try Challenge やってみよう！オリパラ応援団」で秋田県在住の東京オリンピック、パラリンピック選手へのインタビューや新聞制作に取り組みました。この学習を通して世界の国々に興味をもち、２年生では「Try Challenge やってみよう！なるほどザ・ワールド」で世界の国の方へのインタビューや雑誌制作を行ってきました。今年度は修学旅行をメインに日本について取り上げ、「Try Challenge やってみよう！日本縦断！出会い旅 ◉ 」というテーマで日本各地の世界遺産や観光名所等について調べ、現地の方にインタビューして分かったことをまとめていきます。この学習での実践や工夫について紹介します。

2 目的と方法

　北海道から始め、自分たちが住む秋田県、修学旅行先である宮城県、今後は静岡県からさらに南下し、沖縄県近隣まで縦断します。学習の大きな柱は、①調べ学習、②インタビュー、③新聞制作の３点で、１つの地域についてこの３点を繰り返し行っています。また、学習の始めにはモニターに日本地図を映し、都道府県クイズを10分程度行い、日本に関する知識を深める他、VR（Virtual Reality）で各地の観光名所等を仮想旅行する活動を行っています。これらの学習活動を通して、タブレット端末や本を使って「調べる力」、自分の思いや考えを人に「伝える力」、調べ学習やインタビューで分かったことを「言葉を考えまとめる力」の向上をねらいとしています。

3 実践

（1）VRでの仮想旅行（図1）

インタビュー前にVRを使い、取り扱う都道府県の観光名所や世界遺産、祭りを仮想旅行しました。VRゴーグルは生徒にとって重いため、長時間の使用は難しいものの、学習の導入として、実際の風景を見渡したり、各地方の伝統舞踊等の様子を知ったりすることは「日本にはきれいな景色がたくさんありますね」「アイヌ民族という人たちがいたんですね」と、日本の良さや自分たちの秋田県との違いに気付く手がかりや質問内容を考えるヒントにもなりました。

図1　VRでの仮想旅行

（2）インタビュー（図2、図3）

自分たちが住む秋田県、修学旅行先の宮城県以外は、直接会ってのインタビューが難しいため、オンラインでのインタビューを行いました。北海道編ではオンラインで現地の教員と交流し、秋田県編では、県庁の出前授業の活用や校外学習先の職員に直接会い、インタビューをしました。緊張しながらも、どのように話すのかを考えてから質問したり、メモを見ながらはっきりと話したりする様子が見られました。新聞制作に生かすために、インタビューの内容をタブレット端末のボイスメモで録音して質問内容や回答を振り返られるようにしました。

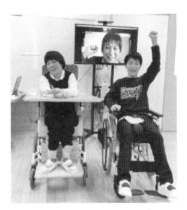

図2　オンラインインタビュー

（3）アプリを活用した新聞制作（図4）

新聞制作にあたっては、単元の始めに新聞社の新聞教室に参加し、見出しや記事の構成の仕方を学び、いただいた資料を見出しや記事のヒントとしました。「書く」ことへの苦手意識や難しさがあること、活動時間が限られていることを考え、タブレット端末を活用しました。無料でダウンロードできる新聞作成アプリは、6つのレイアウトスタイルがあり、それぞれデザインが違うため、記事の内容や生徒の実態に合ったものを選択できます。仮想旅行やインタビューで体験したことや感じたことを自分の言葉で表現したり、生徒自身が記事全体のバランスを考えたりして取り組むことができました（図5）。完成後は写真データと

図3　出前授業の活用

図4　新聞制作の様子

して保存し、生徒の振り返りや掲示に役立てています。

　タブレット端末は五十音順になっている日本語かな入力、キーボードと同じ配置のローマ字入力を生徒の実態に応じて選ぶことができ、予測変換も可能なため、文字入力時間を短縮し、生徒の集中力を持続することができました。同時に音声入力の指導も行いました。音声入力は、はっきりとした口調で話さないと自分が

図5　制作した新聞

意図しない言葉で入力されたり、同音異義語の入力が難しかったりするところがあります。しかし、言葉の最初の一音と最後の一音をはっきり発声すると入力の成功率が上がることに気付き、発声に気を付けて入力するようになりました。文字入力と組み合わせて使用することで時間短縮にもつながりました。また、活動時間に応じて、文字入力にするか、音声入力にするのかを自分で判断する場面を設定しました。

（4）新聞内容や学習の流れが分かる掲示

　自分たちの学習内容を掲示することは、学習内容の紹介や振り返りに生かせることにつながります。それと同時にたくさんの生徒や職員に見てもらうことで、「〇〇はどういうとこ？」「これは何をする場所？」等の質問をされる機会ともなります。そして、その質問に答えるために言葉を考えて分かりやすく説明しようとする等、相手の理解の程度を考え、何を伝えるのか、どのように伝えるとよ

図6　学習内容の掲示

いのかを考える機会ともなります。ですから、掲示はねらいにある「伝える力」の向上にもつながります。時には「〇〇県にはこんな施設があるよ」といった情報や学習活動のアイディアが他職員から寄せられることもあります。年間を通して繰り返し行う単元は、見通しをもって主体的に学習に取り組めるよさがある一方で、情報量が多くなりすぎるという課題があります。生徒自身が振り返りやすく、やりとりがしやすくなるよう、生徒の意見を取り入れながら、掲示の仕方を工夫しました（図6）。

（5）今後の予定

　10月には静岡県について調べ、静岡県富士山世界遺産センターの方へのインタビューを行います。その後は鳥取県出身の学校職員、大分県出身の学校職員へのインタビュー、最

後には鹿児島県と沖縄県の世界遺産について現地の方に話を聞く予定です。1月には、自分たちが1年間取り組んできたことのゴールとして、展示会を開催します。作成した新聞の他、アプリで作成した紹介動画を放映し、オンラインのインタビュー録画も見ることができるようにします。事前の準備では会場のレイアウトや役割についても相談して決めます。展示会来場者には付箋に感想を記入してもらい、まとめの学習に反映させます。1・2年生の単元でも同様の学習活動に取り組んできたため、生徒は見通しをもって準備を進められると考えています。

4 成果と課題

（1）成果

　活動を楽しみ、自分たちが住む秋田県以外への興味や関心が高まりました。世界遺産や文化財、観光名所、ご当地グルメ等の知識が深まり、生徒が言葉や伝え方を考えて会話をすることが増えました。また、タブレット端末の使い方を理解し、物事を調べる方法やネット検索のキーワードの入力方法が分かり、自分たちで活動を進められるようになりました。最初は「楽しかった」「うれしかった」等の言葉での表現が、仮想旅行やインタビューの体験をすることで、「○○な景色が広がっていてとてもきれいだった」「○○にはこんな意味があることを知ることができてうれしかった」等、感じたことをより具体的な言葉で表現するようになりました。また、どのようなことを記事にすればよいのかが、新聞教室を通して分かり、自分の言葉で分かりやすくまとめることができるようになってきました。さらに新聞アプリ等のICTの活用は、生徒の意欲を高め、主体的な行動を引き出すことに効果的でした。こうした3年間を見通した単元づくりが生徒の主体性を引き出すことにつながったのではないかと考えます。

（2）課題

　タブレット端末のダブルタップやスワイプ、スクリーンショットが難しい生徒に対して、あらかじめ登録した動きをタップしただけでできるアシスティブタッチの設定が必要な場面がありました。職員が生徒の実態を的確に把握し、使用する生徒に合ったタブレット端末の設定や生徒に合ったアプリを探し出し、その使い方を工夫していくことも今後の課題です。

授業力向上シート

学校名	秋田県立秋田きらり支援学校	執筆者名	熊地　勇太

対象学部	幼 ・ 小 ・(中)・ 高	学年	3年
集団の人数	2人	教科	生活単元学習
単元名	Try　Challenge　やってみよう！ 日本縦断！出会い旅 🔴	時数等	167時中70時

概　　要

目　標	様々な人との関わりを通して自分の考えや質問等を分かりやすく伝えられるようにする。調べ学習を通して、物事の調べ方が分かるようにする。新聞制作で言葉を考え、分かりやすくまとめることができるようにする。
方　法	北海道から始め、自分たちが住む秋田県、修学旅行先の宮城県、今後は世界遺産のある静岡県から南下し、沖縄県近隣まで縦断する。タブレット端末や本を使った調べ学習やオンライン等による各地の方とのインタビュー、アプリを活用した新聞制作の３つを柱として、同じ流れで繰り返し行う。
成果・課題	成果：日本の良さに気付き、秋田県以外への興味・関心が高まった。また世界遺産やご当地グルメへの知識が深まり、会話の拡大につながった。ICTを活用し本物に近づけた新聞制作は生徒の意欲を高め、主体性を引き出すために有効だった。 課題：アシスティブタッチの設定と生徒の実態に合ったタブレットの設定やアプリの選択、使い方の工夫が必要。
学習指導要領との関連	本単元の指導の形態は、各教科等を合わせた指導である。「教科等横断的な視点に立った資質・能力の育成」（第１章第３節の２の（１））の学習の基盤である「ア　言語能力」「イ　情報活用能力」「ウ　問題発見・解決能力」から、物事の調べ方を覚え、言葉を考えまとめる力や相手に分かりやすく伝える力の向上と、それらを普段の生活に生かしていくことを目指した授業である。

コメント

　本実践は、生活単元学習の新しい取組を提案する好事例と考えます。中学部３年間を通して「何を学ぶのか」「何ができるようになるのか」を系統的に明確にした実践であることが、すばらしいです。

　生活単元学習は、「児童生徒が生活上の目標を達成したり、課題を解決したりするために、一連の活動を組織的・体系的に経験することによって、自立や社会参加のために必要な事柄を実際的・総合的に学習するものである。」です。学校行事や買い物、外出など身近な生活と関連付けての学習が多く実践されています。本実践では、VRやオンラインミーティング、新聞作成アプリなど生徒が身近に使うタブレット端末を上手に活用することで、身近な生活から地域社会、そして、世界へと生徒の興味・関心が広がる学習が実際的に展開されています。インタビューを対面とオンラインで行うなど、アナログとデジタルの両方の学びをすることなども、深い学びにつながったのではないでしょうか。

　生活単元学習に限らず、総合的な学習の時間の指導でも大いに参考となる実践であると考えます。　　　　　　　　　　　　　　　　　　　　　　　　　　　　　　　　　　　（長沼　俊夫）

| 中学部 | 技術・家庭科（技術分野）

10 チャレンジ精神を養う楽しいプログラミング学習
～ロボットとタブレット端末を使って～

東京都立墨東特別支援学校　主幹教諭　袖山　慶晴

Keywords　①プログラミング　② ICT　③対話的な学び　④レジリエンス

1 目的

　本校は、肢体不自由（小学部・中学部・高等部）のある児童生徒が学ぶ学校です。本学習グループは2名（中学1年生男子1名、中学3年生女子1名）です。国語・社会・数学・理科・外国語については、学年ごとに分かれて授業を行っていますが、実技教科4教科、総合的な学習の時間、道徳については、学年合同で学習しています。2名ともに学年相応の学習課題に取り組む力がありますので、自分の考えを発表したり、文章に表したりする学習を重視しています。その一方で、技術科に限らず、自分の意見や考えに自信がなく、失敗することを極端とも言える様子で恐れていることが時折見られました。

　球状のロボット（図1）を用意し、タブレット端末でプログラミング（図2）を組み、迷路（図3）で動かす学習を通じて、意欲的に「ロボットをプログラミングで制御して、問題を解決することができる」「自分で、実践を評価・改善することができる」「課題解決のために主体的に友達と協力することができる」ことを目的に指導に取り組みました。

　トライ＆エラーを繰り返す中で、授業時間いっぱいプログラミングでロボットを動かすことに集中することができていました。「失敗することも前進につながる」ことが意識できると、失敗を悔しがったり、時には笑い飛ばしたりする様子が見られるようになりました。また、迷路の難易度を上げることで、生徒同士で「スピードの数値はどれくらいにしているか」「こうやると上手くいった」という情報交換が出てくるようになりました。その実践を報告します。

図1　球状のロボット
Sphero BOLT

2 実践

（1）プログラミングは楽しい！

　技術の内容を楽しんで学習できるように、難しすぎず簡単すぎない課題（発達の最近接領域）を設定しています。

　プログラミングソフトは、プログラミングの部品となるブロックを、画面上に並べたり、入れ子状態に組み合わせたりする「ビジュアルプログラミング」で行いました。この方法で、プログラミングの基礎的な組み方や、命令文を楽しみつつ理解することができます。

　また、プログラミングは、PC内で完結せずに、現実にあるものが制御できるようにロボットを使用しました。現実にあるものをプログラミングで動かすことで、エレベーターやエアコン等、身近なものもプログラミングで作動していることを気付いてほしいと考えました。

　ロボットは、Sphero BOLT（https://sphero-edu.jp/teaching/bolt/）を使用しました。Sphero BOLTは、タブレット端末のアプリ「Sphero edu」で制御プログラミングを作成することができる球状のロボットです。「Sphero edu」は、日本語でプログラミングを組むことができるため、直観的にプログラミングを作成することができます。

　Sphero BOLT用の迷路を用意し、その迷路を解く課題を行いました。迷路内でロボットを動かすことで、自分のプログラミングを実施し、評価・改善を繰り返せるようにしました。

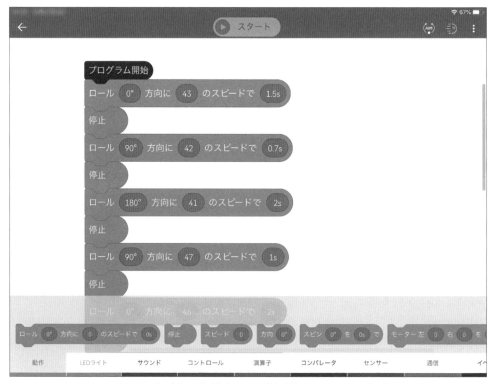

図2　タブレット端末のアプリ「Sphero edu」

（2）失敗してもどうってことない！

　プログラミングの学習を始める前に、授業の最初に繰り返し生徒に伝えていた約束事があります。それは「失敗してもOK！」というものです。「先生も毎日、失敗をしています。でも、それを反省して次に生かせば、何の問題もありません。たくさん失敗して、たくさん学んでください」ということを、授業の最初に必ず言葉にして確認をしていました。黒板にも「失敗してもOK」ということを掲げました。そのことで失敗を意識しすぎているように見える生徒が、少しでも成功感を感じられるようにして、学習に向き合えるようにしました。

　プログラミングは、トライ＆エラーの繰り返しです。小さな失敗とその改善の道のりがプログラミングだと言っても過言ではありません。トライ＆エラーはプログラミングだけでなく人生の中でも様々な場面で生かせることに気付いてほしいと考えました。

（3）ロボットを動かしてみよう！

　最初にロボットを動かすときは、体育館で動かしました。広い体育館で、縦横無尽に自由にロボットを動かすことで、その楽しさを感じてほしいと考えました。①最初は自由に動かし、②次は、体育館の端まで行って自分のところに戻ってくるように動かし、③最後は体育館を一周回るように動かすように課題を出しました。

　体育館で動かすとき、プログラミングを失敗すると、生徒はロボットのところまで車いすを漕いで、ロボットを拾い、スタート地点まで戻ってきていました。タブレット端末とロボットを膝に抱えたまま車いすを漕ぐのは大変です。「大変じゃない？なにか思いつかない？」と発問すると、はっと気付いて、スタート地点の自分のところへ戻ってくるプログラミングを組んでいました。

（4）迷路の中で動かしてみよう！

　次に、迷路の課題に取り組みました（図3）。迷路は段ボールに棒材（細い円柱の木材）を貼って作成しています。段ボールだと絵の具を塗ったときに、少し反りが出てしまいますが、棒材を貼り付けることで平らになります。

　車いすの生徒から見やすいように、迷路は、床に置きました。

　生徒同士の協力や会話を引き出すための仕掛けとして、Aさんは「赤い丸から黄色い丸へ」、Bさんは「青い丸から黄色い丸へ」という課題を出し、2人が同時に同じ迷路で活動をするようにしました。最初は、ロボットがぶつからないので良いのですが、どうしても途中でボールが衝突してしまいます。この場面は、生徒同士の協力や会話を引き出そうと、あえて設定しました。実際に、ボールがぶつかったタイミングで、生徒同士は笑って、自然とどうするか話し合い出しました。相談の結果、スタートするときに、相互に言葉を掛け合うという成長が見られました。

　また、違う課題を与えることで「どっちが先にゴールしたか？」だけに関心が向きすぎないようにしました。

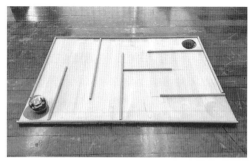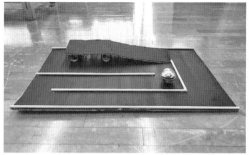

図3　迷路
右図は左図より難易度を上げたもの。立体的な個所があり、そこを登らないといけないという課題。

3 | 成果と課題

　授業の回数を繰り返していく中で、いくつかの生徒の成長が見られました。

　第一に、失敗に対して笑顔を見せるようになったことが挙げられます。生徒のレジリエンス（困難をしなやかに乗り越え回復する力・精神的回復力）の向上が感じられました。悔しがりながらも、上手くいかなかったことを笑い飛ばし、改善策を考えている様子が見られるようになったことに、教員としての喜びを感じました。

　第二に、迷路の難易度を徐々に上げることで、生徒同士で「スピードの数値はいくつでやってるの？」「曲がるときは一度止めてからの方が良いよ」などの会話が生まれて、友達との対話的な学習ができるようになっていました。

　第三に、なんとかゴールしようと、授業時間内ぎりぎりまで集中してプログラミングを組む姿が見られました。それは、この学習を楽しんでいる様子そのものでした。プログラミングの導入の学習として、生徒はプログラミングが楽しいものと感じられたことでしょう。

　次の課題としては、Scratch（Sphero Eduと同様のビジュアルプログラミングアプリ）でゲームの作成をしたり、HTML（WEBページ作成用プログラミング言語）を使って自分のホームページを作成したり（一般への公開はしない）することが考えられます。HTMLは英語を使ったプログラミング言語を手入力するので、ここまで築いてきたプログラミングが楽しいという気持ちを途切れないような授業展開が大切になっていくと考えます。

授業力向上シート

学校名	東京都立墨東特別支援学校		執筆者名	袖山　慶晴

対象学部	幼・小・(中)・高	学年	1・3年
集団の人数	2人	教科	技術・家庭科
単元名	プログラミングをしよう	時数等	10時中10時

概　　要

目　標	・ロボットをプログラミングで制御して、問題を解決する。 ・自分で、実践を評価・改善する。 ・課題解決のために友達と協力をする。
方　法	・迷路上のロボットをタブレット端末のアプリのプログラムで動かすことで、楽しみながら学習ができるようにする。
成果・課題	・トライ＆エラーを楽しみながらプログラミングができた。 ・迷路の難易度が上がってくると生徒同士で相談して解決した。 ・HTML等のプログラミング言語にステップアップすることが課題である。
学習指導要領との関連	「中学校学習指導要領」【技術・家庭科】１目標「(1)情報の技術についての基礎的な理解を図るとともに，それらに係る技能を身に付け，技術と生活や社会，環境との関わりについて理解を深める。」「(2)生活や社会の中から問題を見いだして課題を設定し，解決策を構想し，実践を評価・改善し，表現するなど，課題を解決する力を養う。」というところから、プログラミング学習を設定した。さらに「実践を評価・改善する」というところから、トライ＆エラーを繰り返しながらゴールを目指す「ロボットを使った迷路の課題」を設定した。

コメント

　ともすれば難解になりがちなプログラミングの学習を、球状のロボットの使用、最適な難易度の課題設定、生徒同士の協力を引き出す等の仕掛けを工夫され、生徒が楽しんで取り組めるよう授業になっています。

　「失敗してもOK！」というメッセージが、プログラミングに重要となる試行錯誤へ意識を向けると同時に、失敗を許容する態度の育成にもつながっています。プログラミングの学習では、課題を達成すること、正解を出すことにとらわれてしまう危険性もありますが、２名の生徒に別々の課題を出すことで、正解を意識しすぎず課題に取り組める環境と同時に、生徒同士の協力や会話を引き出す環境も整えられています。生徒同士のコミュニケーションや失敗を許容する態度など、プログラミングの学習を通じて多くの成長を促すことができています。また、プログラミングの楽しさを知り、より学習を深め、身近な課題を解決しようとする姿勢を育てることにより、技術・家庭科の目標の一つである「よりよい生活の実現や持続可能な社会の構築に向けて、生活を工夫し創造しようとする実践的な態度を養う」ことにもつながっていく好事例です。

（織田　晃嘉）

11 AIを使って絵を描いてみよう
～準ずる課程「美術Ⅱ・Ⅲ」の実践～

高知県立高知若草特別支援学校　教諭　伊藤　文

Keywords　①自動生成AI　②DALL・E2　③イメージの言語化　④著作権

1 目的

　本題材の対象生徒は準ずる教育課程で学んでおり、本実践は美術Ⅱ・美術Ⅲを選択する、高等部2年生と3年生による合同授業での取組です。当該授業は生徒2名の授業でもあり、同年代の生徒作品を見る機会は少なく、近年の新型コロナウイルス感染症の影響で、遠出をして美術館で展覧会を鑑賞する機会もありませんでした。ですから、作品を鑑賞する機会の少なさを補うためには、ICTの利用が必要です。

　対象生徒らは、これまでの美術の授業において、教材提示にPowerPoint等のICT機器を活用することで技法の理解を高めたり、Chromebookを利用して考えをまとめたりしてきました。『DALL・E2』は、OpenAI社の高性能AI画像生成サービスで、AIが描いてくれる描画ソフトです。設定を文章で入れると、世界中の膨大なネットの情報の中から、最適な画像や写真を選んで学習し、AIがイラストや写真を新たに生成します。画像生成ソフトを使用することにより、自分の思い描いたテーマや画風で想像以上の作品を制作することができます。AIを活用することや先進技術に興味をもつことで、美術を愛好する気持ちを育んでいきたいと考えました。

　煩雑な画材の準備もいらず、疲労を伴う長時間の作業を必要とせず、応答性の高いAIを活用しての作品づくりは、肢体不自由特別支援学校の生徒にとって有効と思われます。現代の若者らしく、流行のソフトの利用は興味があるだろうと、筆者は画像生成AIを知ったときから、これを授業で使いたいと考えていました。

　また、併せて、インターネット上の作品を参考とすることで、著作権についての意識ももたせたいと思いました。これまでの学習では、「構想画」の制作に取り組み、完成のイメージを具体化することに取り組んでいました。作品完成後には展示のために作品説明を考えることにしていますが、それが「イメージを言語化する」という目標につながるだろうと考えました。今回、制作のために絵のイメージを言語化することで、自分の意図を言葉で正確に伝えようと話すことや言語化活動といった学習にも教科等横断的に取り組め、実践的なICTの活用の学びがあると考えました。

〈つけたい力〉

　・AIを使って作品を制作する【知・技】

　・描きたい映像を言語化する【思・判・表】

　・AIに興味をもち、主体的に学ぼうとする【学・人】

　自動生成AIの活用やインターネット上の作品を参考にするにあたり、育成を目指す資質・能力の3つの柱と合わせて著作権についても考えさせようと思いました。

2 実践

〈指導計画と授業の展開〉

次・時数	学習活動内容
第1次（1時間）	『DALL・E2』とは？AIと美術の可能性を知ろう。
第2次（1時間・本時）	AIを使って絵を描いてみよう。

	授業の展開	指導上の留意点
導入	挨拶をする。 ログインをする。	・本時の目標を理解できるように、内容を焦点化して説明する。
展開	①『DALL・E2』について学ぶ。 ②自分のイメージを言語化する。 ③『DALL・E2』を用いて、制作する。	・AIや自動生成についての、おおまかな説明をする。 ・作品例を見て、使い方や特徴を知ることができるようにする。 ・Chromebookを使い、自分のイメージをテキスト化する。 ・AIに理解できるように、イメージを具体的に言語化する重要性を伝える。 ・Chromebookで日本語を英訳して、イメージに近い文章になるように試行錯誤する。
まとめ	④振り返り 自分や友達の制作物を鑑賞する。	・イメージする作品になったか、確認する。 ・言語化の重要性を改めて認識させる。

〈展開① 『DALL・E2』について学ぶ〉

　本題材の主な活動は、AIツール『DALL・E2』を使ってAI自動生成で制作活動に取り組み、先端技術に触れる楽しさを感じてほしいと考えました。生徒たちに画像ソフトについて、どれだけ知っているのかを質問しました。2人とも画像生成ソフトについて聞いたことがあり、AIを活用することや先進技術に触れることを、「やってみたかった」と喜んでくれて、意欲的に制作活動に取り組もうとする様子が見られました。

　今回の題材にあたり、条件として

　①どのようなイラストにしたいか、テーマ（主題）を自分で考えて、できるだけ具体的に言語化すること

　②それを英訳すること

　③『DALL・E2』の検索回数は、1人5回のみ

とだけ伝えました。もちろん、少ない検索チャンスを無駄にしないように「〜のような画

風で」と筆のタッチや、イラストか細密描写か等、絵画要素やイメージを言語化するための英語の指示例と、作品例のイラストをいくつかホームページから閲覧させ、作品にしたい画像イメージをもたせるようにしました。

　画像生成ソフトは、日本語よりも英語の方が正確に反映してくれます。生徒たちはChromebookを一人一台所持し、毎日いろいろな授業で使いこなしています。例えば英訳の方法は教員の指示がなくても、生徒自らがネット上の英訳ソフトを見つけ、翻訳していました。

〈展開②自分のイメージを言語化する／展開③『DALL・E2』を用いて制作する〉

　同ソフトで写真から画像に変化をつけていく方法もありましたが、使える検索数が少ないこと（無料ソフトを使用したため）と、今回はイメージの言語化を目的の一つとしていたので、文章から生成する方法を採用しました。1人は自動車に興味があり、1人は戦艦に興味がありました。出発点はすぐに決まりました。そこで、作品の中でその主役はどんなイメージで、どのような世界観で存在するのかを質問し、生徒に言葉で説明するように指示しました。

　はじめは短い文章で試していました。すると、勝手にコミカルな絵になったり、幼児向けの絵になったりとイメージと全然違った作品が提示されてきました（図1）。短い文章のほうが分かりやすそうですが、AIにとっては、細かく具体的に説明した方がイメージ通りの絵になりやすいことに気付きました（図2）。また、今回「5回まで」と制限があったことが、言語化を丁寧に行うきっかけになったように思われます。1回目の検索でイメージが違うと、「ではどのような説明だと伝わるか」とかなり試行錯誤する生徒もいました。

高3の生徒が同じテーマで生成したもの。設定がなければ、AIが複数のパターンを考えて生成してきます。生成指示文「荷物を運ぶ車（車名まで記入）が荒野を走る」

図1　同じテーマで生成されたもの

〈まとめ　④振り返り〉

　何度か試作を繰り返し、AIが複数提示してくれた作品の中から、最も自分のイメージに近いものを選びました。言葉を吟味し、試行錯誤していた生徒の振り返りの感想では、「イメージを言葉で伝える難しさは、人を相手にすることと変わらない」「AIは意図をくんでくれないので、人よりも言葉を丁寧に伝えることが大事」とも話しています。また、友達の作品と比較検討することで、自分の作品の完成度を確認、反省することもできました。

3 | 成果と課題

（1）成果

　自分の思い描いたテーマや画風で想像以上の作品を制作し、達成感を感じとっていました。AIを活用することや先進技術への興味を広げることができ、著作権についても考える機会になりました。伝わりやすい表現で言語化することの大切さに気付き、慎重に試行錯誤しながら指示文を考えていました。

最終の生成指示文
「炎上しながら左に傾斜しながら海に沈みゆく戦艦の後ろから、更に巨大な戦艦が悠々と登場する。フォトレアリズム。」
※右図制作物参照

図2　具体的な指示で生成された作品

（2）課題

　自分の想像力よりも、AIの想像力の方が完成度が高いため、①考えることを十分にせず、AIに依存することがある、②自分が選んだ言葉が正確に反映できたのかを十分に検討せず、出来栄えだけに興味をもつ、といったことへの検討が必要です。

4 | まとめ

　肢体不自由特別支援学校で学ぶ生徒たちの多くは、手指の操作性の課題から、思う存分手指を操作することが苦手です。しかし、生徒たちは今回の授業を終始楽しみ意欲的に取り組んでいました。著作権や肖像権等の課題はありますが、個人的に利用を楽しめば、新しい制作に結び付くと考えます。この『DALL・E2』は、イメージを具体化することが難しい生徒たちにとっても、制作の幅を広げられるツールだと考えます。

　また、今回の授業を振り返り、生徒たちは、改めて著作権の大切さを意識することができました。制作中は、物珍しさや操作に夢中だった生徒たちも、作品を完成した後は、作品が無から生成されたわけでなく、元の画像があって完成したものであること、成果物の背景にある著作権や肖像権には十分配慮が必要であることを学習しました。具体的には、特定のタレントの名前を入力して、本物そっくりの人物画像を作成することや、企業のブランドロゴに無断で編集を加えて、自分の作品として発表すること等、著作権侵害のリスクについても具体的に考える学習につながりました。

　最後に、AIに限らずICT機器は目的ではなく手段です。今後も取組を検証しつつ、生徒が自ら学んでいくきっかけとなるよう、生徒と一緒に授業づくりをしていきたいと考えています。

授 業 力 向 上 シ ー ト

対象学部	幼・小・中・(高)	学年	2・3年
集団の人数	2人	教科	美術Ⅱ・美術Ⅲ
単元名	AIを使って絵を描いてみよう	時数等	2時間

概　　要

目　標	・AIを使って作品を制作する【知・技】 ・描きたい映像を言語化する【思・判・表】 ・AIに興味をもち、主体的に学ぼうとする【学・人】
方　法	OpenAI社のAIツール『DALL・E2』を使った、AI自動生成での制作活動に取り組み、先端技術に触れる楽しさを感じられるようにする。作品例を提示して、使い方や特徴を学ばせる。・AIに理解できるように、イメージを具体的に言語化することの重要性を学ばせる。
成果・課題	思い描いたテーマや画風で想像以上の作品を制作し、達成感を感じることができた。AIを活用することや先進技術への興味を広げることができた。著作権について考える機会になった。
学習指導要領との関連	「美術Ⅱ」・「美術Ⅲ」A表現(3)映像メディア表現「ア　映像メディアの特性を踏まえた発想や構想」また、B鑑賞(1)鑑賞「イ　生活や社会の中の美術の働きや美術文化についての見方や感じ方を深める鑑賞」を取り扱う内容として、構成した。 　学習指導要領では、「著作権」という言葉ではなく、「知的財産」や「知的財産権」と言い換えられ、音楽では小・中・高、美術では、中・高で取り上げられている。美術においては、創造することの価値を捉えることや、自己や他者の作品などに表れている創造性を尊重する態度の形成を図るとともに、知的財産や肖像権などについても触れるよう示されている（中学校学習指導要領P.135、高等学校学習指導要領P.464）。

コメント

　活用の仕方が世界的に話題になっているAIを、制作活動において難しさがある肢体不自由のある生徒の美術の表現分野に取り入れた挑戦的な実践だと感じました。生徒の可能性を拡げ、自分の思い描いたテーマや画風での作品制作と、そのことによる達成感が導かれている一方で、報告の中でも指摘されたAIへの過度な依存も危惧されるところですが、綿密なルールづくりをすることで対応し、併せて著作権や肖像権についても学ばせる貴重な取組となっています。

　現在、子どもたちには、デジタルを上手に使いこなしていくデジタルシティズンシップ教育が求められており、現行学習指導要領においても、教科横断的にその力を身に付ける必要性が指摘されています。その点からも意義深い実践だと感じました。併せて、AIを上手に使いこなすためには、伝わりやすい表現で言語化することの大切さに気付いたことが指摘されています。そのためには、国語科での指導とのつながりが重要であり、同じく教科横断的な視点での資質能力の育成の重要性が示唆されていると感じました。

（徳永　亜希雄）

つながりを支援する ～社会での生き生きとした活動に向けて～

| 中学部 | 国語　日常生活の指導　自立活動

12 知っている言葉で思い（要求等）を 伝えるための取組
～ICT 機器を活用した学習の充実による、将来の豊かな生活を目指して～

静岡県立中央特別支援学校　教諭　佐藤　秀平

Keywords　① ICT 機器　②言葉と対象（シンボル）の対応関係　③コミュニケーション

1 目的と方法

　本校は、肢体不自由の児童生徒が学ぶ学校です。小学部・中学部・高等部と、隣接する病院内に病弱学級・訪問教育を設置しています。学校教育目標『皆と共に 心豊かに たくましく生きる力を育てる』を掲げ、児童生徒の将来の豊かな生活像を描きながら教育を行っています。自立活動を主とした教育課程で学ぶ生徒は、日々の学習において、保有する感覚を十分に生かした体験的な活動に取り組むことで学びを積み上げ、日常生活でできることの幅を広げ、それを発揮しながら社会参加していくことを願い、学習を計画しています。

　学習場面では生徒がタブレット端末に触れる機会も多くあり、対象生徒も画面に流れる映像や音楽を楽しそうに視聴する様子がよく見られます。

　タブレット端末が視覚・聴覚を生かした体験的な活動を支えるものであること、生徒の興味の対象であることに着目し、活用することによって生徒の学びの定着が期待できるのではないかと考えました。生徒が、タブレット端末を自ら操作して身近な人にはたらき掛け、知っている言葉をつかって思い（要求等）を相手に伝えることができるようになれば、生徒の生活は、より豊かになっていくだろうと想像します。

　指導場面として、国語科、日常生活の指導、自立活動の時間を取り上げ、関連付けながら実践するように工夫しました。タブレット端末を活用した学習を複数の場面で行うことで、学びに連続性が生まれ、日常生活にもつながると考えます。

2 実践

（1）国語科の授業で

　対象生徒の実態として、日常生活で扱う機会の多い物の名称を知っており、例えば、「タオル」「水筒」などと伝えると、籠から取り出すことができます。学習指導要領＜国語科：小学部１段階＞に示される「聞くこと・話すこと」に係る内容では、言葉が事物の名称・内容を表していることが分かり、本人にとって身近なものであれば、具体物と、具体物の

名称を表す言葉（音）を一致させることができます。また、「読むこと」に係る内容では、前述したとおり、タブレット端末上の映像・写真等を見て、身近な事物が表現されていることに気付き、注目することができます。

　『言葉と対象（具体物）の関係の理解』『映像・写真等への気付き』の段階に到達している生徒であるため、次のステップとして、『シンボル（写真・イラスト・記号等）の意味の理解と使用』を指導内容として定めました。

　タブレット端末用の学習アプリは『DropTalk』を活用することにしました。事前準備では、本人にとって身近で興味をもてる事物を教材（考えるための材料）とし、それを表すシンボルを学習アプリにプログラムとして取り込みました。

　対象生徒の指導目標は、「シンボル（写真・イラスト・記号等）と、シンボルが意味する事物の名称・内容を表す言葉（音）を一致させる活動を通して、その言葉を覚えて使うことができる」としました。生徒はタブレット端末を自ら操作し、学習アプリにプログラムされた学習課題に取り組みます。教員は、生徒に学習課題の意図を伝える発問をしたり、生徒の取組への意味付けや価値付けをしたりして対話をしました。

　扱う教材の一つとして、生徒が下校の際に利用するスクールバスと、放課後等デイサービスのロゴマークを採用しました（図1）。

　教員が「○○」とシンボルが意味する事物の名称を発すると、生徒は、教員の発する言葉と一致するシンボルを選んでタップしました（図2）。

　学習アプリ『DropTalk』で、プログラム可能な機能には、シンボルをタップするとその名称等が音声で流れたり、画面上に○×表示と、それに対応した音（「ピンポン」「ブー」）が鳴ったりするようにプログラムできるので、生徒は即時評価を受けて、シンボルが意味する事物の名称・内容を表す言葉を覚えて使うことができます。今後も、生徒の言葉の世界を広げていきたいと思います。

実際に、生徒に提示したシンボルには、実在する事業所名の入ったロゴマークが描かれている。

図1　生徒が操作するタブレット端末の画面

図2　教員と対話しながらタブレット端末を操作する生徒

（2）日常生活の指導の時間で

　国語科の時間で学習したことを日常生活の指導に関連付けることで、学びの定着と日常生活への移行を図りました。

　対象生徒が所属する学級では、帰りの会の次第に『下校方法の発表』という場面があり、その日の下校方法を友達に向けて発表しています。その際、教員が対象生徒の隣でスクールバスや放課後デイサービスの事業所名を発すると、生徒はその言葉（音）と一致するシンボルをタップし、タブレット端末から音声が流れて、下校方法を発表することができました（図3）。

図3　帰りの会で下校方法を発表する生徒

（3）自立活動の時間で

　学習アプリ『DropTalk』を自立活動の学習でも活用しました。対象生徒の指導目標は、「複数示されたシンボルの選択肢の中から自分の思い（要求等）にあたるものを選んで相手に伝えることができる」としました。本学習で選択肢としたのは楽曲を表すシンボルです。事前の準備として、シンボルをタップすると、対応する楽曲の再生を開始するように、学習アプリにプログラムとして組み込みました。

　生徒は、このシンボルが、再生される楽曲を示していると分かり、自分が視聴したい楽曲を表すシンボルを選ぶことができます。生徒と対話をする教員が「○○（本生徒の名前）さんは、○○を見たかったのですね」と意味付けをしたり、一緒に視聴して共感することで、教員が自分の気持ちを受け止めてくれたと感じ、より積極的に教員と共感しようとすることを期待しました。

　自立活動の時間の学習は、昼休みの時間の過ごし方にもつながりました。それまでは教員が用意した映像や音楽を視聴していた生徒ですが、タブレット端末を自分で操作して、

図4　生徒が操作するタブレット端末の画面

図5　視聴したい楽曲を表すシンボルを選ぶ生徒

視聴したい楽曲を表すシンボルをタップして選ぶ様子が見られるようになりました（図4・5）。教室で、友達と一緒に視聴することもありました。

3 成果と課題

　認知面へのアプローチの成果として、具体物と、具体物の名称を表す言葉（音）を一致させる段階から、シンボル（写真・イラスト・記号等）と、シンボルが意味する事物の名称・内容を表す言葉（音）を一致させる段階へと学習を進めることができました。また、対象生徒は、複数示されたシンボルの選択肢から自分の思い（要求等）にあたるものを選ぶことができました。

　今後は、動詞や身近な場所を表す言葉（音）を扱い、生徒が知っている言葉をつかって人と対話をする姿や、その対話を重ねることで、言葉が自分の思い（要求等）を表していることに気付き、相手に自分から思いを伝える姿を引き出したいと思います。

　タブレット端末と学習アプリ『DropTalk』を活用する利点としては、生徒の生活で身近なものであること、教材として扱う事物を容易にシンボル化できる機能を有していること、言葉を発することの代替手段となること、生徒本人の操作によって実行や評価ができるため結果が分かり易いこと、視覚・聴覚等の感覚を生かした体験的な活動を設定できること、本人と相手との対話のツールになること等が挙げられます。手指の動きが限られる、筆圧の弱い生徒でも操作できることも利点の一つです。

　一方、認知面へのアプローチの課題として、生徒から、学習課題に応じた正答や、適切な回答を得られないことがあります。例えば、「2　実践」で紹介した『下校方法の発表』では、下校時に利用する移動手段を発表してほしいという教員の意図とは異なって、生徒は自分が乗りたいスクールバスの写真を選ぶことがありました。ICT機器を活用した学習課題の意図を、生徒に分かりやすく説明する必要があると感じました。

　今後もICT機器を教育の場でよりよく活用して、生徒が社会生活に自ら参加できるような学習を充実させ、将来の豊かな生活に向けたサポートをしたいと思います。

授 業 力 向 上 シ ー ト

学校名	静岡県立中央特別支援学校			執筆者名	佐藤　秀平

対象学部	幼・小・(中)・高	学年	3年
集団の人数	6人	教科	国語科　自立活動　日常生活の指導
単元名	自分の思いを伝えよう	時数等	約100時間

概　　要

目　標	シンボル（写真・イラスト・記号等）と、シンボルが意味する事物の名称・内容を表す言葉（音）を一致させる活動を通して、その言葉を覚えて使うことができる。また、複数示されたシンボルの選択肢の中から自分の思い（要求等）にあたるものを選んで相手に伝えることができる。
方　法	事前準備として、学習アプリ『DropTalk』に、指導目標に応じたシンボル等をプログラムとして組み込む。対象生徒は、タブレット端末を自ら操作し、本学習アプリに組み込まれた学習課題に取り組む。教員は、学習課題の意図を伝える発問をしたり、生徒の取組への意味付けや価値付けをしたりする。
成果・課題	生徒は、シンボルをタップして解答したり複数の選択肢から、自分の思いを回答したりすることができた。タブレット端末を学習で生かす利点があった。一方で、学習課題に応じた正答や、適切な回答が得られないことがあった。理由として、生徒に学習課題の意図が伝わっていない点が挙げられる。
学習指導要領との関連	本取組では、対象生徒の発達段階を踏まえ、小学部段階の内容を扱っている。国語科１段階「聞くこと・話すこと」の「身近な人からの話し掛けに注目したり、応じて答えたりすること」や、１段階「読むこと」の「知っている事物や出来事などを指さしなどで表現すること」を指導内容としている。また、自立活動の項目として、人間関係の形成（１）、コミュニケーション（４）等とも関連付けている。

コメント

　映像や音楽に興味・関心を示す生徒の姿や国語科での学習の状況を踏まえながら、苦手な部分だけでなく、本人の得意な力や好きな事柄なども把握して、ICT機器を活用することの意義を整理し、具体的な指導へと展開させた指導過程を学ぶことができます。ICT機器を活用しながら資質・能力を高め、学習場面で身に付けた力を生活場面に発揮していく姿から、それまで教員を介在させながら行っていたと思われる活動や場面でも、ICT機器を活用することで教員の支援を必要最小限にし、生徒が自己選択・自己決定をしながら取り組む姿が頭に浮かんできました。

　サブタイトルには、「将来の豊かな生活を目指して」とあります。高等部にどのようにこの指導が引き継がれたか、そして学校で身に付けた力が学校卒業後の生活にどのように生かされ、生活を豊かにしたか。また、新たに生じている課題はどのようなものかなど、少し長い時間軸で対象生徒の様子を追っていくような実践研究に取り組んでみるのはいかがでしょうか。多様な実態の子どもたちの学校教育の在り方を展望するために必要な、基礎的知見が得られる実践にもなるかと思います。

（北川　貴章）

13 呼気スイッチを活用し社会参加につなげたデジタル活用授業
～ICT機器を使った自立活動の指導を通して～

岡山県立岡山支援学校　教諭　吉田　暁彦

Keywords　①コミュニケーション　②呼気スイッチ　③社会参加

1 目的

　本校では、肢体不自由を有する児童生徒の学習活動を支えるための合理的配慮の一つとして、デジタル教材やICT機器等を障害の状態に応じて活用しています。ICT活用を推進する専任教員と担任が連携しながら、児童生徒の実態に応じたICT機器の選定や活用を進めています。

　本実践は、ICT機器を有効に活用して「生徒が考えや思いを表現できるようになれば、コミュニケーションに自信がもてるようになるだろう」「興味のあるゲーム等を活用して、意図的にやりとりの場を設定することで、周囲の人とのコミュニケーションがより豊かになるだろう」という仮説を立て、取組を始めました。

〈生徒の実態〉

　対象生徒（以下、生徒A）は、脳性麻痺（アテトーゼ型四肢麻痺）のため、車いすで生活をしています。不随意運動があり筋緊張も強く、思うように体や手指を動かすことができにくい状態でした。また、自分の思いや考えをうまく伝えられない、教員や友達からの助言等を受け止め難い、周囲の人とのコミュニケーションに困難さがある、といったことから、自分の考えを積極的に伝えようとしない傾向がありました。

2 実践

【中学部3年生時】

（1）「呼気スイッチ」でパソコンを使おう

　最初の取組として、息を吹き込むことで文字入力等が可能な「呼気スイッチ」が使えるように、テクノツールの有料ソフト「オペレートナビ」を利用しました。スクリーンキーボード上で選択したいキー（文字）をよく見て、タイミングを合わせて息を吹き込むことで、文字入力や操作ができます。

かな入力パネル

　はじめは設定スピードを遅くして取り組みましたが、2回連打したり、誤入力があったりと、苦労していました。しかし、繰り返し取り組むことで、少しずつ操作に慣れ、入力スピードも速くなってきました。

呼気スイッチで文字を選択

（2）iPadを操作しよう

　次に、iPadの付属機能「スイッチコントロール」を利用しました。「ポイントスキャン」の機能を使うと、画面上の項目をピンポイントで選択できるようになります。使用当初は、カーソル速度を遅くして、「メモ帳に文書入力」をしたり、「カレンダーに予定入力」をしたりして、学校生活に活用できることを目標に取り組みました。

カーソルの表示画面

【高等部入学後】
（3）パソコンを使って仕事をしよう

　「呼気スイッチ」でのパソコンの操作がスムーズになってきたので、自立活動で学んだことを各教科等に活かすため「総合的な探究の時間」や「産業社会と人間（学校設定科目）」で販売活動に向けて、名刺を作ったり、イラスト検索をしてチラシを作ったりすることに取り組みました。

　また、現場実習では、画像編集ソフト「GIMP」で、好きな色を選び、点を描いたり、線を引いたりして、幾何学的な「デザイン画」も制作しました。

選択項目

呼気スイッチで項目を選択

チラシづくり

デザインづくり

（4）iPadでデザイン画を作ろう ～「呼気スイッチ」の応用～

　iPadの付属機能「フリーハンド」で直線や円を描くことに挑戦するため、無料のお絵かきアプリ「ibisPaint」を利用しました。このアプリを使うと、イラストが描けたり、写真を取り込めたりします。

　「フリーハンド」を選ぶと、パスを「移動」「曲げる」「回転」が自動スキャンされるため、目的の線を選択してイラストを描くことができます（右図）。生徒Aは、操作を繰り返すことで、「パスをこのくらい曲げるとこんな円が描ける。」という感覚をつかみました。そして、家庭でもiPadを使って、いろいろなデザイン画を作るようになり、登校すると「こんなデザイン画ができたので、見てください。」と自分から教員に伝えるようになりました。

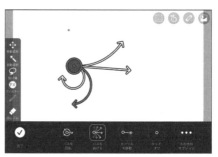

パスを選択する場面

　さらに、これらの取組を応用して「ibisPaint」の機能「対象定規」で、対象の線を描いたデザイン画にも意欲的に挑戦しました。自分で図の形を変形できるフィルター機能も見つけ、波紋や魚眼レンズ等の効果をデザイン画に加えるようになりました。

iPadの標準機能「フリーハンド」を使って描いたデザイン画

（5）ゲームでコミュニケーションを広げよう

　株式会社HORIの開発した「Flex Controller」は、「もっと多くの人たちにゲームを楽しんでもらいたい」という想いから開発された機器で、「Nintendo Switch」と「呼気スイッチ」を結ぶ役割をします。「呼気スイッチ」と「あごで押すスイッチ」の２つの操作を組み合わせ、KONAMIのゲーム「桃太郎電鉄 ～昭和 平成 令和も定番！～」に取り組みました。

　「呼気スイッチ」は、「吹く→上」「長く吹く→下」「２回連続して吹く→左」の操作が可能となるように設定を行い、「あごで押すスイッチ」は、「押す→決定」「長く押す→戻る」「連打で押す→右」の設定にしました。

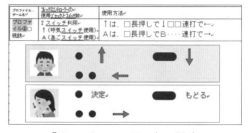

「Flex Controller」の設定

　生徒Aは、当初、やりたい気持ちが先立ち、設定に沿った操作が難しかったため、「スイッチの練習用機器」を使い、自分のスイッチ操作の様子が確認できるようにしました。その結果、指導している教員にも入力している様子が確認できるため、効果的な支援ができ、正しい操作が定着してきました。

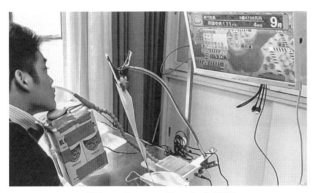
「Flex Controller」を使用

スイッチ練習用機器

3　まとめ

　生徒Aは、高等部在学中にゲームが自由自在にできるまで「呼気スイッチ」を使いこなせるようになりました。また、ゲーム「桃太郎電鉄〜昭和 平成 令和も定番！〜」を介して、多くの教員と会話が広がったり、家庭でiPadで描いたデザイン画のことを自分から積極的に周りの人に話したりして、コミュニケーションの輪が広がりました。

　現在生徒Aは、就労継続支援B型事業所で週2日程度、学校で学んだ力を発揮して「呼気スイッチ」を使ったパソコン操作で業務を行っています。「自分の力でできる作業」「デザイン画を作成できる仕事」が、意欲や自信につながり、自分の思いを適切に表現したり、相手の思いを受け取めたりできるようになっています。

　今回の実践を通して、本人に合ったICT機器の利用は、生徒の生活を豊かにし、積極的に社会参加をすることにつながることが分かりました。生徒Aは、趣味としてiPadで小説を書いたり、デザイン画を描いたり、「Nintendo Switch」でゲームを楽しんだりしています。周りの人との関わりも広がり、彼自身の生きがいにつながっています。

　一方、個々の生徒の実態に合わせてオーダーメイドの教材やスイッチを準備することは、簡単なことではないことも改めて分かりました。いろいろなICT機器の中から個別最適な教材を選定し、有効に活用しようとすること、その視点をもつことができるように、他の教員と共有、実践していくことが今後の課題と考えています。

授業力向上シート

学校名	岡山県立岡山支援学校	**執筆者名**	吉田　暁彦

対象学部	幼・小・（中・高）	**学年**	中学部3年～高等部3年
集団の人数	1人	**教科**	自立活動
単元名	呼気スイッチの活用	**時数等**	年間93時間

概　要

目　標	・ICT機器を活用し、対象生徒が自分で文字入力をしたり、デザインを描いたりして自分の考えを表現することで、周囲から認められ、自信をつける。 ・ゲームを活用した教員や友達とのやりとり場面設定により、相手の考えを受け止めながらやりとりをする。
方　法	・㈱テクノツールの有料ソフト「オペレートナビ」を利用。黄色項目が順に移動、自動スキャンされるときにタイミングを合わせて呼気スイッチで目的の文字入力や操作をする。 ・iPadの「スイッチコントロール」の機能を使って文字入力をする。また「フリーハンド」の機能を使ってデザイン画を描く。 ・呼気スイッチで、ゲームに取り組み、コミュニケーションを広げる。
成果・課題	卒業後も「呼気スイッチ」を使ったパソコン操作で業務を行っている。「自分の力でパソコンを使った作業」「デザイン画を作成できる仕事」が意欲や自信につながり、相手に意識を向けて話を聞き、思いを適切に表現するようになった。本人に合ったICT機器の使用は社会参加につながると考える。 　生徒の実態から、オーダーメイドの教材やスイッチを準備するときに、ICT機器の中から適切な物を選定し、有効活用しようとする視点を多くの教員がもつことが課題である。
学習指導要領との関連	個別の指導計画における対象生徒の指導目標は、「他者の気持ちや状況を考えて発言すること」と設定している。この指導目標を達成するために必要な項目として、環境の把握の（3）、コミュニケーション（2）（5）を選定した。本実践事例は、コミュニケーション（2）に重点を置きながらコミュニケーション（5）を関連付け、具体的な指導内容として、呼気スイッチを活用した「パソコン」「iPad」「ゲーム」を設定して授業を行っている。

コメント

　生徒の身体の状態に合わせたスイッチやアプリケーションを選択すること、アクセシビリティ機能などを設定しながら計画的に指導することなどの重要性について、本実践を読みながら改めて確認しました。そして、特別支援学校在学中の学習場面や日常生活場面で身に付けた力を、将来の生活を豊かにする力へとつなげるために、どのように展開すればよいか、その過程を学べる実践だと思います。学習指導要領においても学校教育を通じて身に付けた知識及び技能を活用し、もてる力を最大限伸ばすことができるよう、生涯学習への意欲を高めるような指導も求められています。当該生徒が自信をもち自己の道を切り開いていく姿が浮かんできました。このような実践の積み重ねが、多様な実態の子どもたちの将来を見据えた指導の充実につながっていくかと思います。その際、その指導をどのように引き継いでいくかも重要だと思います。教員間の共通理解もありますが、保護者や高等部卒業後の施設など、生徒が生涯を通じて高めていけるよう関係する人々との連携がどのように行われたのかなどについても、機会があったらお聞きしたいと思いました。

(北川　貴章)

| 高等部 | 生活単元学習 |

14 タブレット連動 音の鳴るスイッチ付シュレッダー
～重度重複障害のある生徒が主体的に取り組むためのスイッチ教材～

富山県立高志支援学校　教諭　髙橋　麻由

Keywords　①生活単元学習　② ICT　③スイッチ教材

1 目的

　本実践の対象は、自立活動を主とする教育課程で学習している高等部３年生（当時）の生徒Aさんです。脳性まひと知的障害を併せ有しますが、実物や写真カードの選択を通して、教員とコミュニケーションをとることができます。指でタブレット端末をタップすることは難しいのですが、プッシュスイッチを使って、デジタル絵本をめくったり、好きな動画を再生したりできます。

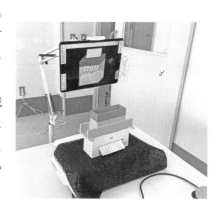

　本実践では、シュレッダー掛けの作業を通して、職業科と数学科の内容を中心に学びました。実態に応じた操作しやすい道具を使用することで、Aさんがスイッチとシュレッダーとの因果関係を理解し、意欲や見通しをもって作業に取り組むことをねらいました。

2 方法

（1）シュレッダー本体の工夫

　Aさんが一人で紙の細断ができるよう、乾電池式のシュレッダーにBDアダプターを取り付け、プッシュスイッチをつなぎました（図1）。Aさんは、スイッチをずっと押し続けることは難しかったため、スイッチラッチを使って、1回目のスイッチでON、2回目のスイッチでOFFの操作ができるようにしました。

　このシュレッダーは、コンパクトで持ち運びやすく、紙の出口が外から見える位置にあるので、

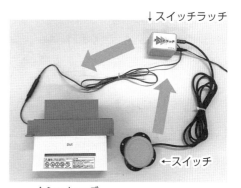

↓スイッチラッチ

←スイッチ

↑シュレッダー

図1　シュレッダー本体の工夫

紙が細断されていく様子を生徒が見ることができるように配置することができました。

シュレッダーを作動させるためには、紙を垂直に立てて、シュレッダーに吸い込ませる必要がありました。Aさんは紙を手で支えることが難しかったので、シュレッダーに紙が垂直に立つための差し入れ口を取り付けました（図2）。

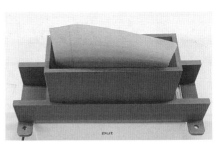

図2　取り付けた差し入れ口

本実践で使用した不要紙は白いものが多かったため、シュレッダーの下に黒いマットを敷き、出てきた紙が見やすいようにしました（図3）。

（2）タブレット端末との接続

スイッチを押すだけでシュレッダーが動くようになっていますが、これだけではAさんがシュレッダーに注目し続けることは難しく、教員の言葉掛けがその都度必要でした。

図3　シュレッダーの下に黒い
　　　マットを敷く

そこで、スイッチ付シュレッダーにタブレット端末を接続し、シュレッダーの動きに合わせて音楽が流れるようにしました。

「1入力2出力ボックス」（金森（2014）により作成）を使って、スイッチをシュレッダーと「iPadタッチャー」の2つにつなげました。さらに「iPadタッチャー」、タブレット端末に接続しました（図4）。

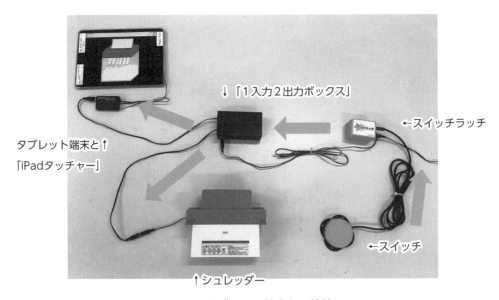

図4　タブレット端末との接続

　タブレット端末では、「ぽいすぶっく」というアプリを使用しました（図5）。スイッチがONになっている間（＝シュレッダーが動いている間）だけ、画面が点灯し、音楽が流れるように設定しました。

　Aさんがタブレット端末だけでなく、シュレッダー本体にも注目できるよう、タブレット端末の画面とシュレッダーをできる限り近づけて設置しました。余分な配線は目立たないように籠やマットで隠しました。

図5　アプリ
「ぽいすぶっく」

3 実践

（1）単元について

　生活単元学習「お仕事マイスターをめざそう」では、シュレッダーを使った不要紙のリサイクル作業に取り組みました。シュレッダー掛けの材料となる不要紙は学校に豊富にあり、教員から仕事の依頼を受けて作業に繰り返し取り組み、感謝される経験を積むことができます。紙が細断される様子は生徒にとって分かりやすく、生徒が達成感を感じやすい活動です。Aさんは「自らスイッチを押して、紙を10枚シュレッダーに掛けられるようになること」を目標に取り組みました。

（2）実践と改善

　シュレッダーに用紙がセットされたのを見て、Aさんは自ら手を伸ばしてスイッチを押します。音楽が流れるようにしたことで、Aさんはシュレッダーによく注目するようになり、スイッチを押すとシュレッダーが動くという仕組みは十分に理解できたようでした。初めはタブレット端末の画面によく注目していたAさんでしたが、徐々にシュレッダーから出てくる紙にも注目するようになりました（図6）。

　次のステップとして、細断が終わったタイミングでAさんが自らシュレッダーを止めることをねらうことにしました。音楽の長さを紙の細断時間に合わせ、細断が終わるタイミングで「ピコン」と効果音が鳴るようにしました。Aさんがもう一度スイッチを押してシュ

図6　シュレッダーを動かしている場面

図7　シュレッダーを止めて報告する場面

レッダーを止めると、タブレット端末の画面が「できました」の報告画面に切り替わるように、「ぼいすぶっく」のアプリを設定しました。効果音はAさんにとって分かりやすく、Aさんは細断が終わったタイミングでもう一度スイッチを押して、シュレッダーを自ら止め、報告するようになりました（図7）。

4 成果・課題

（1）成果

　生徒の実態に応じたスイッチを使用することで、生徒が自らシュレッダーを操作することができるようになりました。また、タブレット端末と連動させて効果音を鳴らしたり、画面を点灯させたりするなど、より生徒の実態に合わせて教材をカスタマイズすることができました。生徒にとって扱いやすく、自分の行動の結果が分かりやすい教材を用意したことで、生徒が自ら取り組める活動が増え、見通しをもって自分の役割の作業に取り組むことができたと感じています。

（2）課題

　本実践では、生徒の実態に応じた教材を試行錯誤し、作成した結果、たくさんの機器を使うことになりました。誰でも手軽に作成できる教材となるように、市販品などを上手く活用していく必要があると考えています。また、この実践を通して生徒が身に付けた力を、他の教科や学校生活の他の場面で生かしていく取組も必要です。

5 まとめ

　重度重複障害のある児童生徒が主体的に活動に取り組むためには、個々の実態に応じた支援機器が必要不可欠です。この実践を通して、スイッチ等のシンプルテクノロジーと、タブレット端末等のICT機器とを組み合わせて活用することは、とても効果的であると感じました。しかし、学校生活の他の場面での応用や卒業後の生活へのスムーズな移行を考えると、より簡単で扱いやすい支援機器を用意することが大切です。今後も、児童生徒の実態に応じた教材づくりとそれを使った授業づくり・学校生活づくりに努めたいと思います。

●参考文献
金森克浩編著（2014）『改訂版　障がいのある子の力を生かすスイッチ制作とおもちゃの改造入門』明治図書出版

授業力向上シート

学校名	富山県立高志支援学校	執筆者名	髙橋　麻由

対象学部	幼・小・中・(高)	学年	3年
集団の人数	4人	教科	生活単元学習
単元名	お仕事マイスターになろう	時数等	27時間

概　　要

目　標	・スイッチを押すとシュレッダーが動く、という因果関係を理解する。 ・実態に応じた道具を使用することで、意欲や見通しをもって作業に取り組む。
方　法	・プッシュスイッチを使って動くシュレッダーを用意した。 ・スイッチ付きシュレッダーとタブレット端末をつなぎ、シュレッダーの動きに合わせて音が鳴るようにした。
成果・課題	・生徒の実態に合わせた教材を作成したことで、生徒が自らシュレッダー掛けの作業に取り組むことができた。 ・市販品を取り入れながら、より手軽で簡単に教材を準備できるようにすることが課題である。
学習指導要領との関連	本単元、生活単元学習「お仕事マイスターになろう」は、職業科中学部1段階「Ａ　イ　職業」の内容と算数科小学部1段階「Ａ　数量の基礎」を主に取り扱う内容として構成した。シュレッダー掛けの作業を通して、生徒が道具の扱い方や働くことの意義を理解したり、スイッチとシュレッダーの因果関係や紙が細断されていく様子に気付き、関心を向けて活動に取り組むことを目指している。

コメント

　本実践のすばらしい点は、以下の2つだと考えます。

①生徒の「わかる、できる」力を引き出して、年齢に応じたキャリア発達を促す視点から、見通しをもって意欲的に取組む姿を想定したていねいな指導であること。

②生徒自身の「わかる、できる」を引き出すため、ICT機器を複数組合わせて活用したり、生徒の認知特性（見え方）や興味（音楽）に配慮したりすること。

　自立活動を主とする教育課程で学ぶ児童生徒においては、発達的な側面を重視すると共に生活の中での広がりを促す視点が重要です。高等部という生活年齢を考えれば、作業につながる活動を学習の内容として扱うことも、キャリア発達を促す視点からは大切な学習です。本実践は、「因果関係の理解を促し、自らの判断で操作する」という自立活動のねらいを作業とつなげた学習活動と言えます。生徒の実態に応じた支援機器の活用や認知特性に配意した工夫で、生徒の「わかる、できる」を深め、般化することを期待する高等部の生徒にとって、参考としたい実践です。

（長沼　俊夫）

15 Kさんの意思表出に向けた視線入力装置の活用
～複数の選択肢からの選択を中心に～

北海道真駒内養護学校　教諭　松田　めぐみ・自立活動教諭　田辺　絵里

Keywords　①視線入力装置（Tobii Dynavox PCEye Mini）　②コミュニケーション　③意思表出

1 実践事例の概要

　本校は肢体不自由の特別支援学校（小学部・中学部・高等部）です。Kさんは本校中学部3年生に在籍し、知的代替の教育課程（小学部2段階相応が中心の内容）を履修しています。診断名は脳性麻痺（タイプは緊張型アテトーゼ）で日常生活全般に支援を必要としています。絵画語彙検査（PVT-R）では語彙年齢（VA）6歳5カ月（生活年齢14歳3カ月、2023年1月実施）で、日常の身近なことば、身近な物の名前・出来事や日々の予定は理解しています。意思疎通はYes・Noで答えられる質問に眼球の動きや表情により表現することができます。

　身近な様々な人に自分の思いを伝えられることは、生活上で不可欠であり、高等部進学後、卒業後にも挨拶や報告、依頼など様々なことを伝えていく力が求められます。自分が伝えたいことをイラストや文字で選択することで、初対面の人にも自分の思いをより伝えられるようになるだろうと考え、今年度の自立活動の目標を「表情・身体の動き・視線等で文字・絵などを選択して、要求や気持ちを表出し、伝えることができること」に設定しました。その取組について紹介します。

2 実践

（1）昨年度の取組

　Kさんは小学部入学時から、眼球の動きで周囲の人に意思を伝えていたため、視線入力装置の使用を何度か検討してきましたが、体調が安定せず、継続的に取り組むことが難しい状況でした。中学部入学後、体調が安定してきたため、再度挑戦しました。視線入力装置はTobii Dynavox PCEye Miniを、パソッテル（パソコン固定具）にノートパソコンを固定し、ソフトはTobii Dynavox Communicator 5を使用しました。姿勢は介助用車いすで、頭部が保持されリラックスしやすい角度（股関節の角度約95度、背もたれの角度約70度）に設定し、視線に合わせて画面との距離や角度を調整しました（図1）。注視時間は2秒、

画面は４分割から開始しました。設定には自立活動教諭（身体の担当）が同席し、車いすの角度や視線入力装置の位置や角度、また、教材の内容等についても相談しながら進めました。まず視線入力装置の導入として、毎日取り組める内容を、本人とも相談し、給食メニューの中から経口摂取したいメニューを視線で選択する学習を設定しました。４分割の画面で、給食のメニューの写真の下に平仮名で文字を添えた物を使用しました（図２）。４分割の画面では自分で選んだものを注視して伝えることができており、６分割へと画面を増やし、取組を継続しています。

次に、毎日の生活の中で繰り返し行われる朝の会の司会で使用しました。それまでは、Ｋさんの発声にタイミングを合わせて、朝の会の項目を教員が読み上げていましたが、３月以降は６分割の画面の中に合成音声で読み上げるページを作成しました（図３）。進行に合わせて、タイミング良く順番に選択することができており、こちらも継続しています。数学では２桁の足し算の回答を数字、大小等、12分割の画面の中から選択する内容に取り組み、また、他の場面では学校祭や学部行事の中で、司会等を行うことにも取り組みました。

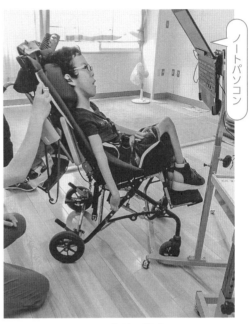

ノートパソコン

図１　姿勢の設定

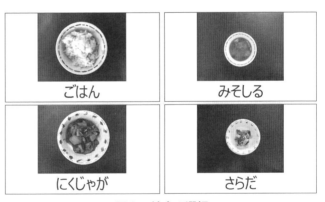

ごはん　　　みそしる

にくじゃが　　さらだ

図２　給食の選択

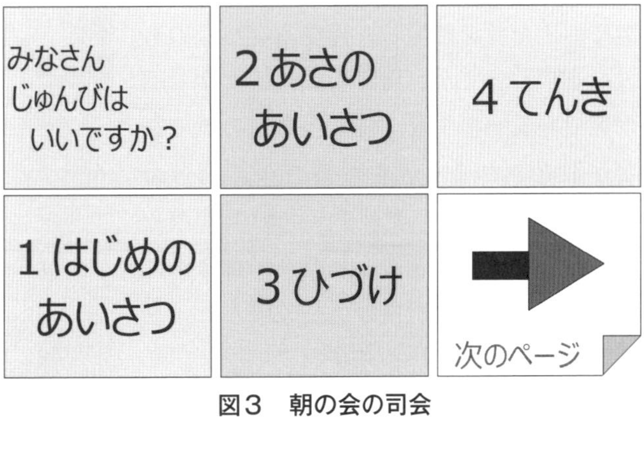

みなさん じゅんびは いいですか？	２あさの あいさつ	４てんき
１はじめの あいさつ	３ひづけ	→ 次のページ

図３　朝の会の司会

（2）今年度の取組

　今年度は昨年度からの取組の他に、作業学習の情報学習（カレンダー作り）、季節に合わせた画像の選択（6分割）に取り組んでいます（図4）。昨年度よりも長い時間約30分集中して学習に取り組むことができています。国語では、作文の際に、最初に大まかな内容を、次に詳細な内容について、教員が3つの選択肢を読み上げて提示し、視線入力で選択する活動に取り組んでいます。選択した文章をつなぎ合わせて作文を完成させました（図5）。

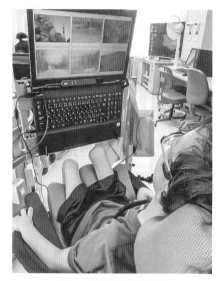

図4　作業学習の様子

図5　国語の様子

（3）自立活動教諭（言語）の指導

　言語担当の自立活動教諭の指導では、文字学習の一部を担っています。国語での文字学習では読字場面が多いため、生活や興味に促した単語（キーワード）の文字構成を主として指導しています（図6）。ひらがな文字盤やペチャラを使用し、行を選択したのち段を選択しますが、同段の誤りや文字形態が似ている字の誤り、時に語音数の誤りなどが散見されます。単語構成後に携帯用会話補助装置（「ペチャラ」等）の音声や自立活動教諭の音読により誤りに自ら気付き、支援を受けながら修正していくという学習プロセスで語音と文字のマッチングや文字構成の学習を促しています。このよう

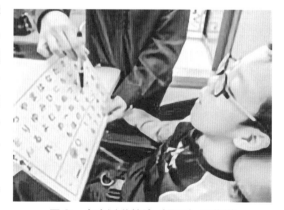

図6　自立活動教諭（言語）の指導

なキーワードの文字構成の学習場面を日常や他の学習場面へ取り入れていけるよう担任と協働しています。Kさんは笑顔を見せながら根気強く取り組んでいます。YouTubeへの興味・関心が強いことから、今年度の目標を、本人とも相談して「視線入力で文字（ひらがな）を入力して検索し、好きな動画を見ること」に設定して取り組んでいます。

3 成果と課題

　現時点での成果としては、これまでは眼球の動きで「Yes, No, わからない」を答えていましたが、視線入力装置の使用により、大人を介さずに選択肢の中から選択できるようになりました。学年での活動の朝の会の司会の他、学校祭や生徒会活動等、学部の生徒の前や保護者前で発表活動を行い、思い通りに取り組むことができたこと、多くの人に称賛されたことで、自信にもつながり、意欲的に取り組むことができています。

　課題としては、機器の設置に時間がかかること、校内には2台しかないため、使用できる時間が制限されることがあります。また、視線入力用のパソコン画面が顔の前にくるために視線が遮られ、一斉指導の際にMTや周囲の様子等が見えにくいということもあります。他に、教員で使える人が限られているために使用できる授業が限られること、教材準備が必要でそれに時間がかかることがあります。

　今後は他の授業の中でも視線入力装置を活用していくこと、自分のしたいことや今日の出来事などを伝えられるような選択肢の工夫もしていきたいと考えています。コミュニケーションボードや本人用のiPadも活用し、「いつでも、どこでも」使えるように、保護者や外部機関とも協力しながら進めていく予定です。高等部卒業後には、自分から積極的に発信していけるよう指導を行っていきたいと思います。

授業力向上シート

学校名	北海道真駒内養護学校	執筆者名	松田　めぐみ・田辺　絵里

対象学部	幼・小・(中)・高	学年	3年
集団の人数	1〜40人	教科	国語　数学　日常生活の指導 作業学習など
単元名	−	時数等	−

概　　要

目　標	身近な人により正確に情報や気持ちを伝える。
方　法	目の動きや発声、体の動きに加え、視線入力装置や50音表を使用し、文字や絵・写真を選択できる環境を整えた。
成果・課題	視線入力装置の活用により、表現の幅が広がった。環境を整え、簡単便利に使えるツールにしていきたい。
学習指導要領との関連	個別の指導計画の自立活動における対象生徒の指導目標は、「表情・身体の動き・視線等で文字・絵などを選択して、要求や気持ちを表出し、伝えることができる」と設定している。この指導目標を達成するために必要な項目として、コミュニケーション（1）及び（4）環境の把握（5）、心理的な安定（3）、身体の動き（1）および（5）を選定し、日常生活の指導、作業学習、国語、特別活動、自立活動（時間の指導）など教育活動全体を通して指導を行う。 併せて、国語や自立活動（時間の指導）においては、知的障害小学部2段階相応の聞くこと・話すこと、書くことの内容と関連させながら指導を行う。

コメント

　視線入力装置の操作スキルを獲得すると同時に、教科学習の場面などにも活用し、本人のもっている力を最大限引き出しながら、生きる力を育んでいく過程を学ぶことができる実践です。入力装置を利用するにあたっては、フィッティングなどの調整も重要であることを改めて認識しました。同時に、学校教育という視点に立って考えると、そもそも何のために視線入力装置のスキル獲得を教育活動として取り上げ、日々の学習や生活場面につなげていくかという指導の意図について、指導を担当する全教員が共通理解していくことの重要性を改めて感じました。

　本実践は担任と自立活動教諭が連携・協働して指導した一端が紹介されており、多くの学校でもこのような指導体制がとられているかと思います。本実践においては、紙幅の都合上、教員間の共通理解・連携に関する過程が詳細には紹介されておりませんが、個別の指導計画の作成や評価、日々の授業改善等を通じて関係する複数の教員が協働して取り組まれた成果だと思います。機会があったら、そのあたりのことについてもお聞きしたいと思いました。　　　（北川　貴章）

| 小学部 | 遊びの指導

16 初めての活動に落ち着いて参加するために
～手がかりから見通しをもたせた事前学習～

東京都立水元小合学園　主任教諭　三好　亮子

Keywords　①社会見学　②事前学習　③手がかり　④移動アシスト装置

1 目的

　新型コロナウイルス感染症流行時に入学してきた小学部児童は、入学式や社会見学、発表会などの「普段とは異なる」経験が十分にはできませんでした。感染症対策を講じながら、様々な活動が再開してきた中で、本校でも校外の活動は、日帰りの行事から再開していくことにしました。

　自立活動を主とする教育課程の小学部1～3年生は、社会見学として区立図書館に行き、「おはなしかい」に参加することにしました。スクールバスで片道10分の距離ですが、集団での校外活動は初めての児童です。

　児童の実態は、医療的ケアを複数必要とする児童、気持ちの表出が難しい児童、独歩の児童、筋緊張のコントロールが課題の児童、注意が散漫な児童と幅が広く、「普段とは異なる」場所に出向くと、緊張する、活動に見通しがもてずに楽しめない、といったことが予想できました。そこで、児童が見通しをもちながら、安心して初めての社会見学に臨むためにはどのような事前学習を行ったらよいのかを考え、「遊びの指導」を通して「安心して社会見学に臨める学習を行うことにしました。

2 方法

　表1は主な活動の流れです。改善を加えながら、単元を通して同じ流れで行いました。活動は、本校の図書室前の広いスペース（廊下）に集合したところから始まります（展開Ⅰ）。バスごっこ遊びをしながら図書室に行き、（展開Ⅱ）読み聞かせを聞いてから、（展開Ⅲ）バスごっこをしながら出発点に戻る、という3つの展開にしました。

　児童が、「普段とは異なる」社会見学先でも安心して過ごすことができるためには何が必要なのかを考えた結果、表2の「手がかり」を取り入れながら活動を展開することにしました。

　展開Ⅰで使用した「バスにのって」（谷口國博作詞・作曲）は、バスに乗ったときの揺

れを楽しむ触れ合い遊び歌です。「そろそろ右に曲がります」の歌詞で車いすを右に向けるなど、歌詞に合わせて指導者が車いすを動かしながら、少しずつ図書室まで進みました。

電動式移動アシスト装置は、シーホネンス株式会社の「AKKA Smart」（以下、AKKA）を利用しました。これは、障害あるいは脳に損傷がある人の移動のための支援機器で、車いすのままAKKAに乗り、スイッチを操作して移動することができます。ジョイスティックコントローラーを接続して自由に移動することも、スイッチなどを接続して予め床に貼ったテープに沿って（もしくはテープで仕切られた枠内を）動くこともできる機器です。本実践では、図書室前のスペースにU字にラインテープを貼り、ビッグスイッチを押している間はテープに沿って移動し続ける設定にしました。往路では直線と左カーブ、復路では直線と右カーブを体験することができるようにしました。

また、図書室に着いたとき（展開Ⅱ）には、普段接することのない中学部の女性教員が「こんにちは、区立図書館へようこそ」と言う動画をタブレット端末で再生し、全員で「こんにちは」の挨拶をしました。出発点に戻ったとき（展開Ⅲ）には、接する機会の多い自立活動担当の男性教員が「おかえり」と言う動画を再生し、「ただいま」の挨拶をしました。

表1　主な活動の流れ

活動内容	指導上の留意点
1　始まりのあいさつ 2　活動の説明	・MTへの注目を促す。 ・「社会見学」「バス」「図書館」のキーワードを簡潔に説明する。
3　バスごっこ（行き）（展開Ⅰ） 　①往路と復路の 　　バスリーダーを指名 　②リーダー出発合図 　　→1列で進む 　　歌「バスにのって」	・全員体験できるように毎回異なる児童が行う。 ・曲に合わせて車いすを動かし、楽しい雰囲気を作り出す。 ・AKKA動作中の安全に気を付ける。車間距離をとりながら移動する。
4　おはなしかい（展開Ⅱ） 　①受付を通る 　②あいさつ 　③室内散策 　④読み聞かせ・手遊び・お礼	・書架の間を通ったり本を手に取ったりして、場所が変わったことに気付けるようにする。 ・読み聞かせの間に、帰りの位置にAKKAを移動させておく。
5　バスごっこ（帰り）（展開Ⅲ） 　①バスリーダーの確認 　②リーダー出発合図	・往路と同様、楽しい雰囲気を作り出す。 ・車間距離をとり、安全に注意する。
6　振り返り 7　終わりのあいさつ	・キーワードを使いながら振り返る。 ・MTへの注目を促す

表2　手がかり

手がかり	手がかりの内容
キーワード	「社会見学」「バス」「図書館」を展開に合わせてはっきりと伝える。
テーマソング	曲「バスにのって」を聞きながら移動する。
移動すること	移動中は曲に合わせて様々な揺れを体験しながら移動する。先頭の児童は電動式移動アシスト装置を利用する。
場所の移動	展開Ⅰ・Ⅲは廊下、展開Ⅱは図書室内で行う。
挨拶の声	移動先の図書室では聞き覚えのない声を聞いて挨拶をする。帰着点では聞き覚えのある声を聞いて挨拶をする。
絵本・歌	当日と同じ絵本や歌で「おはなしかい」を行う。

AKKA Smart
ジョイスティックコントローラーを付けた状態。専用のスロープを設置して昇降する。

3 実践

（1）バスごっこ（展開Ⅰ・Ⅲ）

　本校にあるAKKAは1台です。バスごっこは1列になって行い、先頭になった児童が「バスリーダー」となって乗車するようにしました。往路と復路で別の児童が乗車するようにして、子どもたちが交代でAKKAを体験するようにしました。

　「スイッチを押す→AKKAが動いて移動す」るという関係性が分かる児童は、自分からスイッチを押して笑顔を見せるようになったり、教職員と視線を合わせて「動いたよ！」「楽しいよ！」という気持ちを伝えたり、自分の筋緊張をコントロールしてスイッチを押し続けたりするようになりました。また、後方に付いてくる友達を確認して、みんなで移動することを喜ぶ児童もいました。さらに、表出の少ない児童、関係性の理解が難しい児童も、教職員がスイッチまで手を誘導すると、スイッチにのせた手をそのまま動かさず移動し続けることができるようになってきました。AKKAによる「動く」感覚に気付くことができたのだと思われました。

〈事前学習の様子〉

 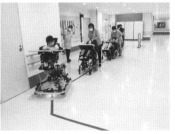 

活動の説明の様子　　　　　バスごっこの様子　　　　　AKKA を動かす様子

（2）おはなしかい（展開Ⅱ）

　図書室内では、まず自由に散策を行い、本がたくさんあることを確認しました。それから1カ所に集まり、「おはなしかい」をしました。区立図書館のスタッフから「おはなしかい」のプログラムを聞き、その中から読み聞かせと手遊び歌を一つずつ行いました。読み聞かせる教員はエプロンをし、図書館スタッフの雰囲気を出すようにしました。

おはなしかいの様子

4 成果

（1）成果①　「押す→動く」という関係性の理解

　AKKAを利用した「押すと自分が移動する」という設定は、どの児童もスイッチを押し続ける時間が長くなり、とても分かりやすく楽しめる設定でした。直線だけでなく、時折あるカーブの動きも変化があって楽しめたのだと思われました。また、バスリーダーになって先頭でAKKAを動かす体験が、集団行動の理解につながった児童もいました。

（2）成果②　社会見学当日の様子

　集団活動や校外活動に制限を受けていた児童の集団であり、社会見学では、緊張や不安を見せることを予想していたので、当日は「社会見学」「バス」「図書館」のキーワードを使いながら引率したり、バスでの移動中に「バスにのって」を流したりしました。子どもたちは、移動のスクールバスの中で笑顔を見せたり、初めて会う図書館スタッフによる「おはなしかい」に気持ちを向けたり集中したりする様子が見られました。結果として、どの児童も落ち着いて過ごすことができたのは、事前に学習した「手がかり」に気付き、学習場面を予想して、見通しをもって過ごすことができたからではないかと思われました。

〈社会見学当日の様子〉

室内散策の様子　　　　　　　本に手を伸ばす様子　　　　　　おはなしかいの様子

5 まとめと課題

　本実践の対象とした児童は、事前学習の結果、初めての社会見学に対して見通しをもって参加することができました。これからも新しい場面では緊張し、本来の力が発揮できないことがあると思われます。しかしながら、「手がかり」に気付くことで「普段とは異なる」場面でも通常の学習場面を想起し、活動場面を予想して、主体的に活動できる児童です。キーワードや音、合図などを手がかりとして簡単な見通しをもち、次の場面を予想したり、落ち着いて活動したりする、といった経験を積んでいくことで、新しい場面でも、落ち着いて活動できる力が養われていくと考えます。本実践で行った「見通しをもたせる」学習に継続して取り組んでいきます。

授業力向上シート

学校名	東京都立水元小合学園		執筆者名	三好　亮子

対象学部	幼・小・中・高	学年	1〜3年
集団の人数	8人	教科	遊びの指導
単元名	図書館へ行こう	時数等	全8時

概　　要

目　標	目的地までのバス移動を経験したり、「おはなしかい」の内容に親しむことで、初めての社会見学（区立図書館）に落ち着いて参加する。
方　法	「普段とは異なる」場所であっても、手がかりが同じであれば落ち着いて過ごせると考え、テーマソング、分かりやすい移動、特定の絵本などの手がかりに気付けるよう指導した。
成果・課題	スイッチを押すと自分が移動するという関係性に気付き、スイッチを押し続ける様子が見られるようになった。社会見学当日はどの児童も落ち着いて活動することができた。
学習指導要領との関連	本単元は、生活科の1段階「エ　遊び」「オ　人との関わり」を通して「コ　社会の仕組みと公共施設」につながるように構成した。また、自立活動「4　環境の把握」の内容を軸に、国語科の1段階「知識・技能　イ(ア)(イ)(エ)」の読み聞かせや言葉に関する内容、音楽科の1段階「B　鑑賞(イ)」の内容を合わせて指導し、図書館での社会見学を安心して楽しく過ごすことを目標とした指導である。

コメント

本実践は、障害の重い児童生徒の体験活動について、参考となる好事例であると考えます。社会見学等の校外学習は、児童生徒の健康・安全への配慮が必要な障害の重い児童生徒にとっては、社会参加への意欲や自信を培うきっかけとなる貴重な学習です。ご家族にとっても「家族以外の仲間と一緒に外出することができる」という安心と自信につながる活動でもあると思います。しかし、「参加できてよかった。楽しかった」などの評価には、「体験あって、学びなし」との厳しい意見もあります。

本実践では、社会見学を体験学習の軸として児童の自立活動の指導を単元として計画し、指導しました。児童が「見通しをもつ」ため、児童の実態に合わせて様々な工夫があります。一つは、「単元を通して同じ流れで行いました」という方法の構造化です。同じパターンで繰り返す活動に、「いつもの活動かな…」と児童の気付きを促し、「次は、○○かな？」と期待することで、主体性や意欲が引き出されます。二つは、支援機器（電動式移動アシスト装置）を活用することで、ダイナミックに児童が自身の動きを制御することが「できる」体験を学習できたことだと考えます。

（長沼　俊夫）

17 移動支援機器で思い通り移動して楽しもう！
～自分の力で移動して、会いたい人に会えたよ！～

岐阜県立関特別支援学校　教諭　松浦　祐介

Keywords　①移動支援機器　②コミュニケーション　③主体性　④個別最適な学び

1 目的

　本実践の目的は、肢体不自由のある対象児童が、移動支援機器CarryLoco（図1）を活用して自分の意思で移動したり、いろいろな人とのコミュニケーションを積み重ねたりすることで、様々な活動場面での主体的な姿を増やすことです。

　当校は、肢体不自由と病弱の児童生徒を対象とした特別支援学校です。対象児童は小学部第2学年で、知的代替の教育課程で学んでいます。手指をある程度動かすことができますが、日常生活は全介助でどうしても受け身になることが多いです。弱視による見えにくさがあります。意思表出はハンドサインが中心です。人工呼吸器を搭載したバギーを使用しており、本人を含めた総重量は約80kgあります。最近、仲間のところに行きたいという気持ちが芽生えてきましたが、移動するためには支援者にバギーを押してもらう必要があります。

　自分の意思で移動することは、電動装置による移動であっても、子どもの心理社会的な発達を促進する効果があると重要性が報告されています（Joseph J. Campos,2000）。よって、子どもが自力で移動できない場合、早期から移動支援機器を活用し、自分の意思で移動する経験を積み重ねることが重要であると考えます。しかし、対象児童は障がい等の理由により、電動車いすを使用していません。そこで、バギーを載せることで電動移動が可能になる移動支援機器を探しました。

　CarryLocoは、株式会社今仙技術研究所より発売予定の、バギーを電動化できる移動支援機器です。普段使用しているバギーをCarryLocoに載せるだけで、電動移動することができるようになります。搭載可能最大重量は100kgです。

　そこで、第22回ちゅうでん教育振興助成と、岐阜県特別支援学校教育研究会課題研究補助金を活用してCarryLocoを先行モニター導入し、実践を行いました。

図1　CarryLoco

2 実践

（1）ねらい

・CarryLocoを使い移動を楽しむ中で、対象児童の認知力や手指の巧緻性が向上する。
・自分の意思で、会いたい人に会いに行けることが自信になり、主体的な姿が増える。

（2）方法

（自立活動　毎週火曜日6時間目）

■**実践1（2022年11月）**

　対象児童が使用しているバギーをCarryLocoの上に載せて固定しました（図2）。児童は教員の介助のもと、コントローラー（図3）のスティックを右手で倒して操作し移動しました。自力で移動できたことが楽しく、笑顔で何度も進もうとする姿がみられました。しかし、コントローラーの形状と位置が本人の手指の動きに合っていなかったため、児童が意図した方向に進むことはできていませんでした。

□**改善**

　より操作しやすくするためにコントロールスティックをスポンジ棒に交換しました（図4）。

　その後、より得意と考えられる左手で操作ができるように、コントローラーの固定位置を左側に変更しました。

■**実践2（2022年12月）**

　手をどのように動かせばよいのかを考えながら、操作にチャレンジする姿がみられました。教員が介助することでスポンジ棒を左手で倒し、自分ひとりで約3mまっすぐ進むことができました。しかし、介助なしで操作することは難しい状態でした。

　対象児童の手指巧緻性と見え方の特性を考えると、押しボタンスイッチ操作の方が適していると考えました。CarryLocoは外部スイッチを接続して操作するこ

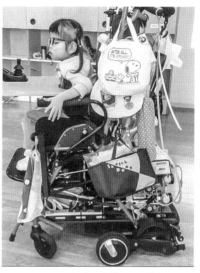

図2　バギーを載せた様子

図3　コントローラー

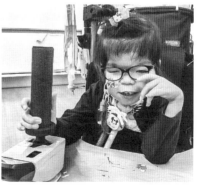

図4　スポンジ棒に交換

とも可能な機器ですが、実践時は発売前であり、外部スイッチ接続には未対応でした。

□改善

　個別最適な学びを実現するため、廣瀬元紀氏のスティック操作を押しボタン操作に変更する機器製作事例を参考に、ボタンを押すとサーボモーターが動き、スティックを倒すことができる装置を開発しました（図5）。モーター制御には、廣瀬氏開発の、楽器＆ライフアシスト「アームワンダ」の基盤を活用しました。押しボタンスイッチは、国際電業株式会社の「たっちぴこ」を使用し、3つのボタンで前進と左右回転ができるようにしました（図6）。必要な部品は、3DCADソフト「Fusion360」で設計し、3Dプリンタで作製しました。スティック操作の状態に簡単に戻せる構造にし、実践前に安全性の確認を丁寧に行いました。

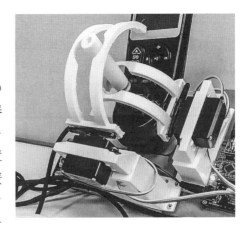

図5　操作方法変更装置

図6　前進左右回転ボタン

■実践3（2023年1、2月）

　対象児童は、前進ボタンを押すと前進し、ボタンから手を離すと停止することをすぐに理解しました。そして、会いたい看護師のいる保健室に行きたいと担任に伝え、前進ボタンを押し続けて廊下を進み、看護師に会えてうれしそうにしていました（図7）。

　また、小学部の児童全員が集まる「部朝会」のゲームタイムでは、ゲーム係として、自分でCarryLocoの前進ボタンを押して仲間の前まで進むことができました。仲間と一緒に集合ゲームを行い、音楽が鳴っている間、CarryLocoで自由に移動することができました。

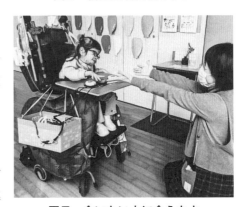

図7　会いたい人に会えたよ

　対象児童は、前進ボタンと左右回転ボタンを押したときの動きの違いに気付いているので、今後は行きたい場所にスムーズに行くために、ボタンを押す長さや順序を工夫していく実践を積み重ねていくと、さらに移動がスムーズになると考えます。

3 成果と課題

（1）自分の力で移動して会いたい人のところに行けたこと

　コントローラーを最適化したことで、対象児童が行きたい方向に進むことができるようになってきました。行きたかったところに行けたときや、会いたかった人に会えたときに、うれしそうな笑顔が多くみられました。

（2）いろいろな場面で、対象児童の主体的な姿が増えた

　CarryLocoを使い、自分ひとりの力で「できた」経験が自信となったようです。他の活動場面でも、上半身を動かしてダンスを踊ったり、タブレット端末を使って絵を描いたりと主体的に取り組む姿が多くみられました。

（3）保護者の対象児童の捉えの肯定的変化

　CarryLocoを使った活動の様子を保護者に動画で説明しました。対象児童が自分の力で進む姿を見て、「他人の力を借りてでしか生きていけない子だと思っていたけれど、自分の力だけで好きなところに行けるなんて本当に感動します」「この子にもいろいろな可能

性があるんですね」と話されました。保護者の捉え方が変わると、対象児童の成長の可能性もより広がってくると考えます。

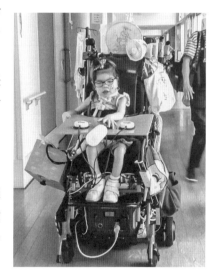

　2023年4月、対象児童は第3学年になり新しい担任が実践を引き継いでいます。実践を繰り返す中で、対象児童は前進ボタンと左右回転ボタンを押し分けて、会いたい人のいる場所へより正確に進むことができるようになってきています。

　今後は、CarryLocoを対象児童の学校生活全般を通して使用し、実践内容を工夫することで、様々な活動場面での主体的な姿を引き出していきたいと考えています。

●参考文献・参考サイト

Joseph J. Campos（2000）Travel Broadens the Mind.INFANCY, 1(2), 149–219.Lawrence Erlbaum Associates, Inc.

廣瀬元樹氏ブログ
　OGIMO ノート〜家族のためのモノづくり〜
　電動車椅子開発・練習記録

YouTube 動画
　楽器 & ライフアシスト
　「アームワンダ」

授業力向上シート

学校名	岐阜県立関特別支援学校		執筆者名	松浦　祐介

対象学部	幼・⑨・中・高	学年	3年
集団の人数	1人	教科	自立活動　等
単元名	移動支援機器で思い通り移動して楽しもう！	時数等	年間約30時間

概　　要

目　標	人工呼吸器を使用し、肢体不自由のある対象児童が、移動支援機器CarryLocoを活用して、自分の意思で移動したり、いろいろな人とのコミュニケーションを積み重ねたりすることで、様々な活動場面での主体的に学習する機会を増やす。
実　践	スティック型コントローラーによるCarryLocoの操作を、対象児童の実態に合致する押しボタンスイッチに変更したことで、対象児童が前進・左右回転・停止を理解し、自分の行きたい方向へ移動できるようになってきた。
成果・課題	対象児童が、自分の力で移動し、会いたい人に会うことができた。自分の力でできたことが自信となり、主体的に活動する機会が増えてきた。今後は、対象児童の学校生活全般を通して本機器を活用していく。
学習指導要領との関連	特別支援学校学習指導要領自立活動編にある、自立活動の目標と内容6区分27項目より、必要とする項目を、人間関係の形成の(1)、身体の動きの(4)、コミュニケーションの(1)とした。本実践は、対象児童がCarryLocoを操作して移動した先で、会いたい人に会ってコミュニケーションを楽しむことができる授業デザインにした。

コメント

　肢体不自由があり、介助を受けることが多い子どもたちにとって、できるだけ受け身にならず、主体的な姿勢を育てていくことはとても大切なことです。本報告の対象児は「全介助」とのことですが、移動支援機器の導入、入力装置の丁寧な調整の積み重ねの結果、自分の意思で移動する活動に取り組めるようになり、さらに自分が行きたいところに行き、会いたい人に会いに行くことによって、より主体的な姿勢が引き出されています。このことによって、保護者の態度にも変容が見られたとのこと。もし小学校児童との交流及び共同学習の場面で活用することが可能であれば、交流校の子どもたちの育ちを通して、今後、社会的態度の変容が期待され、対象児にとって、より暮らしやすい社会づくりにもつながっていくことも想像されました。

　加えて、本実践では、学校の中に完結せず、外部の補助金を活用して支援機器を導入しているところも注目したいと感じました。常にこのような機器に詳しい教職員が学校内にいるとは限らないので、今後、外部の専門家等との連携も推進し、持続可能な取組としていくことも期待されます。
　　　　　　　　　　　　　　　　　　　　　　　　　　　　　　　　（徳永　亜希雄）

| 小学部・中学部 | 保健体育　自立活動　部活動

18 児童生徒が一人でボッチャに取り組むための工夫
〜ウェブカメラをランプの先端に！〜

東京都立花畑学園　主任教諭　富樫　孝一

Keywords　①達成感　②生涯スポーツ　③デジタル教材

1 概要

　本校は、開設4年目の肢体不自由教育部門（小学部・中学部・高等部）と知的障害教育部門（小学部・中学部）を併置した特別支援学校です。筆者は、肢体不自由教育部門で自立活動部の専任教員として外部専門員と連携を図りながら自立活動の授業を進めています。

　肢体不自由教育部門では、授業やスポーツフェスティバル、部活動でボッチャ競技を取り入れています。小学部では、スポーツフェスティバルに向けて、ボッチャを簡素化した『的当て』を授業に取り入れ練習し、中学部からは、体育の授業だけではなく、ボッチャ部にも入部して取り組む生徒が多数在籍しています。

　ボッチャ競技は、重度の心身障害児・者も介助者に指示を出し、ランプの向きを調整して競技に取り組むことができます。本校のボッチャ部に所属している生徒のほとんどがジャックボール（目標物）にねらいを定めてのランプ調整に課題があり、そのための技術指導も必要です。様々な児童生徒がボッチャに取り組む姿を見ると、ジャックボールを視覚的に捉えることが難しい場合や、自分でジャックボールに向けてランプを動かすことが難しいため達成感を味わえないでいる場面をよく見かけました。そこで、①ジャックボールを視覚的に捉えられるようにする取組（実践1）から、②ジャックボールの中心にランプを向ける取組（実践2）、そして③ランプを自分で左右に動かす取組（今後）についての実践事例を以下に記述します。

2 実践1

　令和5年度のスポーツフェスティバルに向けた小学部の『的当て』練習を参観する機会があり、本教材を作製しようと考えました。児童Aは、自立活動を主とする教育課程で学習する第3学年の男児で胃ろう、気管切開、呼吸器と医療的ケアを要する進行性の重度心身障害児です。自力での姿勢保持や姿勢変換は難しく、自発呼吸が無いため常時呼吸器を着用しています。また、強度の近視で眼鏡を使用していますが、視線入力装置やセンサー

スイッチを用いてマッチングをしたり、指示された色を選択したりすることができます。

　姿勢保持に課題があるため、授業場面での姿勢は車いすをリクライニング機能で倒しています（図1）。そのため、床などの低い場所を見ることは困難です。ボッチャを簡素化した的当てでは、低い位置にある的を自らねらうことが難しいため、教員が的に向けてランプを設置し、本児は投球に専念しています。しかし、設置したランプの先も投球後のボールが転がる様子、的が倒れる瞬間を見られず、倒れた音や周囲の雰囲気で的に当たったことを確認していました。そこで、ウェブカメラをタブレットにつなぎ、的とボールが転がる様子を見えるようにしました（図1、2）。これにより、児童Aが視覚的に状況を捉えることができ、「今度は〜しよう」と工夫しようとする等、より主体的に投球に取り組むようになりました。

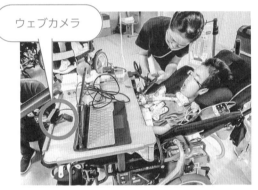

図1　児童Aの車いす上の姿勢及び
　　　的当て時のセッティング

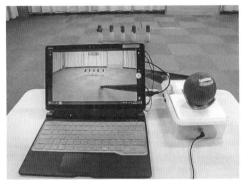

図2　児童Aが見ているタブレット画面

3 実践2

　タブレットに映像を映し出すことで、児童Aだけではなく多くの児童生徒も対象物を視覚的に捉えることが可能となりました。ボッチャ部に所属している中学部の生徒Bにも〈実践1〉で使用した児童Aと同じ教材でボッチャ部での活動に取り組んでもらいました。

　生徒Bは、準ずる教育課程で学習する中学部第3学年の女子生徒です。脳性麻痺で、両上肢はアテトーゼ要素が強く、両下肢は痙性要素が強く見られます。一人で座位姿勢の保持は難しいですが、電動車いすを操作して移動することは可能です。しかし、頭部を正中位で保持することが苦手です。生徒Bが部活動の練習でウェブカメラを使用すると、以下2つの課題が見つかりました。

　①ウェブカメラを車いすの天板に取り付けたことで映像が固定されていた。そのため、ランプの向きを変えたときには映像自体に変化がなく、的にねらいを定めることが難しかった（図1、2）。

②生徒自身はランプの先端をジャックボールの中心に合わせているつもりだが、実際は
ずれていることが多かった。

上記2つの課題を解決するためにウェブカメラをランプの先端に取り付けました（図
3）。その結果、ランプの動きと連動して映像も変化するので、ジャックボールにねらい
を定めやすくなりました。さらに、タブレット画面に中心線を入れることで空間認識がし
やすくなり、ジャックボールの中心を捉えて投球できるようになりました（図4）。

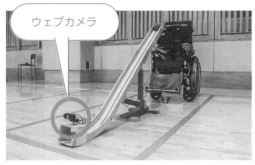

ウェブカメラ

図3　ランプの先端にウェブカメラを取り付け
　　　たことで、ランプの方向や角度を変える
　　　と画面の映像も連動して変化する

図4　タブレット画面に中心線を入れた

4 今後の展望及びまとめ

本教材を改良することで、さらに多くの児童生徒に活用することができると考えていま
す。本校では、認知的にはジャックボールにねらいを
定めることへの理解はありますが、身体的や口頭でラ
ンプ指示を出すことが難しい児童生徒も多くいます。
そのような実態の児童生徒が的当てやボッチャをさら
に楽しく取り組めるようにしたいと考えています。そ
の一つがランプの左右の動きをスイッチ操作等ででき
るように教材を改良していくことです。さらに、スイッ
チ等を児童生徒の実態に応じて変更できるようにして
いきます。

●児童A

姿勢保持は難しいが、手指の動きでスイッチ（図5）
を操作できる児童には、右手のスイッチを操作すると
ランプは右に動き、左手のスイッチを操作するとラン
プが左に動くようにしていく。

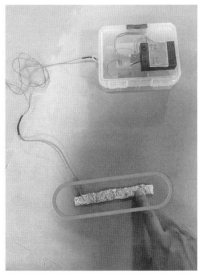

図5　○を触るとスイッチになる
　　　教材。○は電気を通す素材
　　　なら何でもスイッチになる

●生徒B

　電動車いすの操作ができるが、頭部コントロールが難しい生徒には、ジョイスティック（レバーを傾けることで方向入力が行える入力機器：電動車いすの操作レバーのような物）を操作することでランプを左右に動かし、ねらいを定められるようにする。

●児童C（実践事例にはないが、今後試していく予定である児童）

　上述したように、口頭で指示を出すことは難しいが、ボタンを的確に押すことができる児童Cには、直径3cmほどのボタン2つを並べたスイッチボックスを作製し、右のボタンを押すとランプが右に動き、左のボタンを押すとランプが左に動くようにする。

　今までは、介助者がランプの方向を調整し、投球することでしか投球に取り組めなかった児童生徒が介助者の助けなしで、投球の工夫をできることによって投球を工夫する楽しさや達成感を味わっていけると思われます。肢体不自由を抱える児童生徒は日常的に他者の力を借りることが多く、一人でできたという経験の乏しさがあります。一人でできたという経験や自信は、社会に出るにあたり、様々なことに自信をもって活動したり、チャレンジしたりすることにつながります。また、自信をもって活動することで、楽しみや興味関心が広がり、これからの人生を豊かにしていくと考えます。

　しかし、本教材にも様々な課題が残っています。遠くに投げたり、近くに投げたりするためにランプの高さ調整はどうするのか。セッティングしたボールをどう投げるのか。一人で競技を完結するにはまだまだ課題が多くあります。その一つずつを工夫し、ボッチャという競技を通して子ども達が自信をもって活動に取り組めるようにしていきたいと考えます。そして、教育のDX化促進のために、自身も自立活動の専任教員として自立活動の立場から各学部、各教科においてのデジタル教材を活用した実践を推進していこうと考えています。

授業力向上シート

学校名	東京都立花畑学園		執筆者名	富樫　孝一

対象学部	幼・(小)・中・高	学年	小学部3年、中学部3年
集団の人数	1人	教科	保健体育　自立活動　部活動
単元名	ボッチャ	時数等	体育　8時 部活　17時間

概　　要

指導目標	様々な実態の児童生徒ができる限り一人でボッチャに取り組み、達成感を味わうことで、自己肯定感を養う。
実　践	・姿勢保持が難しい児童にコートの状況をタブレット画面に映し出した ・コートの状況と映像が同じになるようにウェブカメラをランプの先端に搭載
成果・課題	ボールが目標物に当たったかを自分で見て確認できるようになった。また、自分で目標物に向かってランプの向きを指示できるようになった。 　課題としては、自分で左右の向きの調整や投球の強弱の調整を一人でできるようにすることである。
学習指導要領との関連	「自立を目指し、障害による学習上又は生活上の困難を主体的に改善・克服する」（第7章第1）や「心と体を一体として捉え、生涯にわたって心身の健康を保持増進し、豊かなスポーツライフを実現する」（第2章第1節体育1・第2節保健体育1）を考慮して、自身の最大限の身体の動きを活用しながら、一人でできるを増やすように工夫した。

コメント

　パラスポーツ種目の一つとして、ボッチャはその名前がかなり知られるようになってきたように思いますが、本報告で指摘されているように、見ることの困難さ、ランプの操作への指示の困難さ等がある場合、実際には難しい面もあるように私自身も感じてきました。本報告では、見ることの困難さに対してウェブカメラを用いて改善を図り、その実践をしたからこそ見出された見えづらさに対して、さらにカメラ位置の工夫がなされています。また、操作上の課題には、スイッチ活用等に取り組まれており、子どもたちともに共に真摯に積み上げられた実践だと感じました。それらの結果、子どもたちの喜び、主体性を大いに引き出しているところが特に素晴らしいと感じました。

　同校が位置づく東京都には、既存の競技への取組が難しかった肢体不自由のある子どもたちのために、みんなが参加して楽しめる種目「ハンドサッカー」を先生方が子どもたちと一緒に生み出して来られた素晴らしい歴史があります。今回の取組にも、そのような文化・背景を感じました。今後も、さらなる工夫の積み重ねや積極的な発信を期待しております。　　（徳永　亜希雄）

19 子どもたちの「やってみたい」を実現するために
～テクノロジーを活用した部活動「eアスリート部」の取組を通して～

東京都立府中けやきの森学園　教諭　**佐藤　結希乃**・指導教諭　**山下　さつき**

Keywords ①部活動　②eスポーツ　③重度重複障害　④支援機器

1 目的

（1）部活動における課題 ～活動の場や活動内容について～

　東京都立府中けやきの森学園（以下、本校）は肢体不自由教育部門と知的障害教育部門の併置校で、それぞれ小中高3学部がある都内でも大規模の特別支援学校です。部活動にも盛んに取り組んでおり、肢体不自由教育部門では、パラスポーツ（ハンドサッカー、陸上、ボッチャ）の1部3種目、知的障害教育部門では、球技（バスケットボール、サッカー）、ダブルタッチ、和太鼓、表現活動の4部5種目があります。

　部活動について、高等学校学習指導要領（平成30年告示）解説保健体育編体育編（以下、高等学校学習指導要領解説）においては、「少子化や核家族化が進む中にあって、高校生が学校外の様々な活動に参加することは、ともすれば学校生活にとどまりがちな生徒の生活の場を地域社会に広げ、幅広い視野に立って自らのキャリア形成を考える機会となることも期待される。このような教育課程外の様々な教育活動を教育課程と関連付けることは、生徒が多様な学びや経験をする場や自らの興味・関心を深く追究する機会などの充実につながる」と示されています。

　本校の生徒においては、障害があるためにさらに外出が難しく生活の場が限られたり、参加できる活動が少なくなる様子が見られました。

（2）課題解決のために ～もっと気軽に・もっと主体的に・もっと楽しく～

　1（1）で述べたような環境にある生徒の困難さを解決するために「もっと気軽に、もっと主体的に、もっと楽しく」誰もが参加できる内容の部活動が必要だと考えました。本校の生徒たちは、授業で一人一台端末を活用した取組やプログラミング教育に、意欲的に取り組んでいます。しかし、その取組は授業内に留まっている様子もありました。授業での取組を発展させ、障害の有無にかかわらず、誰もが対等に参加して、楽しみや活躍の場が広がることを目指して、パラスポーツ部eアスリート部門（以下、eアスリート部）を創部しました。

2　実践

（1）教育課程との関連性

　eアスリート部は、高等学校学習指導要領解説に示されている「生徒の自主的、自発的な参加により行われる部活動については、スポーツや文化、科学等に親しませ、学習意欲の向上や責任感、連帯感の涵養等、学校教育が目指す資質・能力の育成に資するものであり、学校教育の一環として、教育課程との関連が図られるよう留意すること。その際、学校や地域の実態に応じ、地域の人々の協力、社会教育施設や社会教育関係団体等の各種団体との連携などの運営上の工夫を行い、持続可能な運営体制が整えられるようにするものとする」という内容から、以下の3点に留意して取り組んでいます。

> ・教育課程と関連付け、授業で実践されている内容を発展させること
> ・生徒が主体的、自発的に取り組むこと
> ・地域連携、外部人材の活用を通した持続可能な運営体制を構築すること

（2）誰もがeスポーツを楽しむ工夫 〜対戦ぬりえ〜

　ユニバーサルeスポーツ「EyeMoT3D対戦ぬりえ」は、画面を多く塗った方が勝ちというシンプルなルールです。授業内でも、視線入力の練習（自立活動）や小学部のクラブ活動で取り組んでいます。視線入力やスイッチ等、自分の得意な操作で参加できるので、誰もが楽しく取り組めます。また、オンライン対戦ができ、遠く離れた地域に住むeスポーツ仲間とも交流を深めることができます。

写真1　オンラインゲーム大会 対戦ぬりえ
（島根大学助教　伊藤史人氏　開発）

（3）生徒の自主的・自発的な取組 〜マリオカート〜

　マリオカートは、生徒たちに親しみがあり、誰もが「やりたい」という大好きな活動です。Flex Controller（フレックス・コントローラー）を使用して、視線入力で操作したり、スイッチで操作したり、一人一人に合わせた操作方法の工夫をしています。しかし、入力装置を工夫して取り組むマリオカート大会はほとんど開催されていません。それならば「自分たちで企画する」と、副キャプテンＡさんが中心となり、けやきマリオカート

モニターの映像
モニター固定具
フレックスコントローラー
ポイントタッチスイッチ
マリオカートライブホームサーキット

写真2　一人一人に合わせた設定の工夫

写真3　部活動の練習日　外部指導員・デジタルサポーターの活用

カップ（仮名）の計画を進めています。

（4）好きなことを自ら探究 〜第5回Minecraftカップや第4回全国高等学校AI アスリート選手権大会への挑戦〜

　部活動では、学習指導要領解説にある「生徒が多様な学びや経験をする場や自らの興味・関心を深く追究する機会などの充実」を目指しています。今まで生徒たちは、大会があることは知っていましたが、参加することに消極的になっている様子が見られました。しかし、少し難しいと感じていたAIの学習やプログラミングにも、仲間と協力しながら進めることで、生徒が自ら挑戦し、主体的・自主的に取り組む姿勢が見られるようになりました。

（5）社会資源の活用と地域連携 〜第1回eパラスポーツ交流会の開催〜

　eアスリート部創部時から目指していた「第1回eパラスポーツ交流会」を開催しました。社会資源の活用として、eパラスポーツを推進している一般社団法人できわかクリエーターズと株式会社ユニコーンに協力いただきました。また、地域からは、東京都立府中工科高校の高校生の参加や、帝京大学の大学生のボランティアとしての協力もありました。障害の有無にかかわらず、誰もが楽しめる大会として、貴重な一歩を踏み出すことができました。

写真4　第1回eパラスポーツ交流会「eボッチャ」

3　成果と課題

（1）成果

　「2　実践」で述べたように、社会資源、地域連携を活用して、誰もがeスポーツを楽しむ環境の設定に取り組みました。そのような環境の中から、生徒の主体的・自発的な取組、好きなことを自ら探究する姿勢が広がってきました。

　部員数で考えると、令和4年度に初めて大会参加の募集をしたときは、1名の参加でした。年度末には6名、令和5年度には10名まで部員が増え、その中で、初めて部活に入部した生徒が8名もいました。生徒にとって、eアスリート部での内容や取組が充実していて、楽しみや活動の場の広がりにつながったことが分かります。

（2）課題

　部活動では、専門性の高い外部指導員を2名依頼して指導を進めています。うち1名は、株式会社Life Reversal Gamingから派遣いただいています。誰もが楽しめる環境にするためには、一人一人に合わせて機器の設定が欠かせません。そのため、専門家から助言を受け進めています。まだ、機器の設定に時間がかかるので、もっと簡単に設定ができる工夫が必要になっています。また、部員が10名と増えたことに合わせ、個々に合わせた機器も必要になります。実態に合わせて、どのような設定が適しているかを明らかにした上で、計画的に整備していく必要があります。

4　まとめ

　ゼロからスタートしたeアスリート部でしたが、練習日には、楽しみにしていた生徒が笑顔で集まってくるようになりました。部活動はやってみたいけれど、なかなか一歩が踏み出せない生徒へも、広く体験の場を提供し、誰もが「もっと気軽に、もっと主体的に、もっと楽しく」活動する機会を継続させることを、次の目標としています。そして、障害の有無にも、距離や時間にも制約されることなく、子どもたちが自由にのびのびと、新たなアイディアを出し合いながら、仲間と共に進んでいけるよう、様々な取組を考えていきます。

写真5　第1回eパラスポーツ交流会

授業力向上シート

学校名	東京都立府中けやきの森学園	執筆者名	佐藤　結希乃・山下　さつき

対象学部	幼・小・(中・高)	学年	全学年
集団の人数	10人	教科	部活動
単元名	–	時数等	月4日程度活動

概　　要

目　標	・生徒の挑戦する力、やり遂げる力、協力する力などの人間性や社会性を育む。 ・生徒が、主体的に活動を計画・実行することで、自己効力感を高める。 ・ユニバーサルeスポーツを生涯の楽しみにつなげ、生徒のQOL向上を目指す。
方　法	・障害の有無や程度にかかわらず、対等に対戦できるよう、個々に合わせてゲーム機器を設定する。 ・授業で取り組んできた一人一台端末を活用した取組やプログラミング教育を発展させるために、専門的な指導ができる部活動指導員を活用する。 ・生徒がやりたいことを実現できるよう、主体的・対話的で深い学びの視点から、活動を組み立てる。
成果・課題	・今まで、あまり部活動に参加できなかった生徒も参加できるようになり、活躍の場が広がっている。また、新たな大会へ挑戦してみたという意欲も高まっている。 ・eスポーツは設定を工夫することで、障害の有無にかかわらず、誰もが対等に取り組める。その特色を生かして、eスポーツを通した地域連携も推進することができた。

コメント

　本実践は、部活動にeスポーツを取り入れて、一人一人に合わせた環境設定を行うことで、生徒の主体的・自発的な活動や自ら考えて挑戦する姿を引き出しています。部活動を通して、仲間との協力や対戦、大会参加から、大会を計画する姿につながっていることが素晴らしいと思います。また、部活動の内容については、「教育課程との関連」を図ることに留意された上で、生徒の「やってみたい」を実現されている点が参考になると思います。授業で身に付けた力を部活動で発揮して、自らの興味・関心を深く追求する経験を得ることで、AI学習やプログラミング学習などの学びに向かう意欲を高めていると考えます。これからも、生徒が「学習」と「生活」を往還させながら学びを深め続けられるよう、持続可能な運営体制が構築されることや、生徒が自ら考え計画した大会が広く認知されていくことを願っています。今後も、部活動の充実を図りながら、児童生徒のQOL向上に資する取組として、情報発信をしていかれることを期待しています。

（藤本　圭司）

|中学部|国語|

20 家庭と学校をつなぐ遠隔授業に至る取組
～遠隔地における学習保障の工夫～

新潟県立上越特別支援学校　教諭　岡澤　宏

Keywords　①遠隔授業　②学習保障　③Zoom

1 概要

　本校は、新潟県上越市にある肢体不自由の児童生徒を対象にした特別支援学校です。令和４年度は、小学部21名、中学部10名、高等部20名、計51名が在籍していました。校内では、医療的ケアを行っている児童生徒が６名、自宅などで授業を受ける訪問生は３名いました。本校では、県が２年前から一人一台タブレット端末の配当を進め、令和５年度からは、全学部で一人一台タブレットを使える環境になっています。すべての教育課程で、タブレット端末内にあるアプリを使用したり、動画配信サイト「YouTube」を視聴して情報を集めたり、Google内にあるClassroomを使ったりして、学びを深めていきました。

　今回は、新型コロナウイルス感染症などで、一定期間登校できなかった中学部の生徒に対して、どのような段階を踏んで、遠隔授業を行ってきたかについて紹介します。

2 授業のポイント

（1）遠隔授業を開始するために

　令和３年までは、校内のWi-Fi環境が脆弱でした。タブレット端末とWi-Fiがつながる教室とつながらない教室がありました。途中で電波が切れたり、電波を探すこともよくありました。国・県のGIGAスクール構想が進むにつれて、徐々にどこの教室でもWi-Fiがストレスなくつながるようになってきました。そのため、まずは校内でのZoomができるように教員が練習を重ねました。

（2）タブレットの活用

【遠隔授業開始前】タブレット端末の積極的な使用

　中学部の生徒が、学習でタブレット端末の操作に慣れること、自ら進んで活用できるようになることを目指し、表１の科目でタブレット端末を活用しました。中学部のルールとして、以下の３点を生徒と確認しました。

　①教員の指示により、タブレット端末を使用すること

②終わったら報告すること

③インターネットに接続する際、使用理由を明確にすること

表1　タブレット端末使用教科と内容一覧

教科（例）	週時数	使用アプリ
国語	3	Classroom、読み放題、小学生漢字、インターネット
数学	2	お金の学習、カズのトライ、いくらかな
社会	2	日本地図パズル、インターネット
音楽	1	KiraFlow、キラキラ、GarageBand
美術	1	キラキラ、SketchesSchool、フリーボード

※教科担任が、学習内容に応じてタブレット端末を使用

3 実践

（1）校内におけるZoomを使用した授業の実際

　まずは、生活単元学習で、Web会議システムZoomを使ったオンラインミーティングの学習を行いました。最初に、取得したZoomミーティングIDとパスコードを関係する教員と生徒に知らせました。そして、当日は、中学部10名の生徒を3グループに分けて、Zoomをつなぎ、ホストを交換しながら、映像と音声の確認をしました。タブレット端末と電子黒板をHDMIケーブルでつなぐことで、会場にいる教員・生徒が、一緒に他会場の様子を見たり、情報を共有したりすることができました。また、ホストを譲渡し、画面共有の仕方の練習を行いました。Zoomを行う場合、タブレット端末と電子黒板をつなぐ際に、ミラーリング方式ではうまく接続されないことも分かりました。

　次に、他校との交流授業で、Zoomを取り入れた学習を行いました。ZoomのミーティングIDとパスコードは、事前にメールでお伝えし、あらかじめ遠隔操作の練習を行いました。他校の場合、時々、音声や映像が途切れる場合もありましたが、概ねスムーズな運営をすることができました。遠隔地にもかかわらず、画面上でホストの譲渡、画面共有なども行い、両校の生徒たちは、大いに盛り上がりました。

（2）タブレット端末の持ち帰りの手続き

　年度当初に、保護者には、タブレット持ち帰り文書、ならびに同意書の提出をお願いしました。

（3）保護者に対する遠隔授業のお願い

　基本的にタブレット端末の操作、ならびにZoomへの接続は、学校の授業の中でやり方を教えました。練習を重ねる内に、ミーティングIDやパスコードの入力もスムーズになりました。今回、対象生徒が肢体不自由児でしたので、保護者の方には、タブレット端末

が操作しやすい環境であること、何かあったときの
助言、カメラの位置調整などのご協力をお願いしま
した。また、該当生徒がインフルエンザやコロナな
どで出席停止になる前に、保護者と話し合いを行い、
1日2～3時間程度、Zoomを行うことを伝えて、
自宅学習時の予定表を作成し、生徒と保護者、学校
で確認をしました。

（4）Zoomを使用した授業の実際（国語の授業より）

　前日に、電子黒板とキャスター付きiPad を用意し、電子黒板とタブレット端末をHDMI
ケーブルで接続して、タブレット端末の画面が電子黒板に映るようにしておきました。

　授業で使用する教材・資料・ワークなどは、あらかじめGoogle Classroomに入れておき、
生徒がデータを取り出せる状態にしておきました。

　授業当日、遠隔授業開始10分前にZoomアプリを起動して、生徒が入れる状況にしました。
その後、生徒がZoomを起動して入室、授業開始前に他の生徒たちとのコミュニケーショ
ンを図ることができました。また、タブレット端末の映像を電子黒板で見ることができる
ので、教室の生徒たちはもちろん、自宅学習の生徒も良い雰囲気で授業を受けることがで
きました。国語「資料を読もう」の学習では、あらかじめClassroomに送っておいたニュー
ス原稿を用意し、興味があったり気になったりした文章に線を引き、発表をする学習をし
ました。線を引くときは、資料のスクリーンショッ
トを撮って、そこに線を引くことで、目的の場所に
線を引くことができました。また、国語「自己紹介
を書こう」でも、同じようにスクリーンショットを
使って書き込みを行うことができました。自宅学習
の生徒の発表では、その生徒にホストを移譲するこ
とで、生徒自らが画面共有を行うことができ、教室
の生徒たちに、自分の気持ちを発信することができ
ました。

4 遠隔授業の成果と課題

（1）成果

　普段から様々な授業で、タブレット端末を取り入れてきた結果、生徒たちは抵抗感なく
タブレット端末の操作を行うことができました。また、Zoomによる遠隔操作では、自宅
生徒が学校の友達とつながることの楽しさやうれしさを感じました。授業が終わっても、
回線を切るのが名残惜しく思っていたのが印象的でした。2回、3回とZoomを繰り返し

ていく中で、保護者がほぼいなくても自分からセットをすることができるようになってきました。学校では、ホストを移譲したり、画面共有をしたりする場面が少なかったですが、遠隔操作で指示を送ることで、ホスト移譲も画面共有も自分でできました。その結果、充実した自宅学習を送ることができました。

（2）課題

　今回は、授業者一人でタブレット端末を操作したり、まわりの生徒たちの様子を映したりしたため、比較的ゆっくりとしたペースで授業を行いました。そのため、通常の授業よりも課題を行う時間が少なかったように感じました。端末などを一人で操作するのではなく支援者がいるとありがたいとも感じました。また、今回は保護者が設置したWi-Fiで授業を行いました。学習保障という意味では、学校から何かしらのインターネット接続端末などの貸し出しも必要なのではないかと思いました。

5 ｜ まとめ

　本実践を通して、あらためて教員と生徒たちが一緒の教室で学び合いをすることのありがたさ、大切さを学びました。しかし、学校での授業が困難になったとき、プリントなどの自宅学習だけでなく、Zoomを使った遠隔授業ができることは、学習保障をする意味で、意義のある取組だと感じました。特に、当校では医療的ケア児や訪問児童生徒も在籍しているため、オンラインといえども一緒の空間で学習することの意義は十分あると思います。今後、学校と保護者、地域が一体となり、児童生徒のより効果的な学びができるような取組を考えていきます。

授業力向上シート

学校名	新潟県立上越特別支援学校		執筆者名	岡澤　宏

対象学部	幼・小・中・高	学年	1年、3年
集団の人数	3人	教科	国語
単元名	自己紹介をしよう	時数等	4時中2時

概　要

目　的	新型コロナウイルス感染症やその他体調不良で、一緒に学校で学習できない生徒・保護者に対して、ICT機器の使い方の周知、ならびに、遠隔授業の方法を保護者や先生方に伝えていく過程について報告する。
実　際	生徒、保護者の実態に合わせて、以下のことを進めていった。 ①ICT機器の活用　　②Zoomの授業導入に向けて ③保護者の協力　　④オンライン授業の実際
成　果	生徒がICT機器のタブレット端末を抵抗なく受け入れて、楽しんで使う姿が見られたため、遠隔授業のために準備も学校でスムーズに行えた。Zoom操作にあたっては、本人の力もさることながら、保護者の協力も大きかった。
学習指導要領との関連	国語科2段階〔知識及び技能〕ア(キ)「語のまとまりに気を付けて音読すること。」、〔思考力、判断力、表現力等〕Aウ「見聞きしたことや経験したこと、自分の意見などについて、内容の大体が伝わるように伝える順序等を考えること。」等の育成を目指した中での実践である。 　第4節教育課程の実施と学習評価1(3)で示されているように、情報手段を活用するために必要な環境を整え、これらを適切に活用した授業を行い、情報活用能力の育成を図った。

コメント

　本実践は、自宅にタブレット端末を持ち帰り、ZoomやGoogle Classroomを活用して遠隔授業を行うことで、学習保障を図ったものです。Zoomの使用方法については、生徒が理解しやすいよう、自校での操作体験から他校との交流事業での活用へと段階的に進められています。さらに、生徒が学校で学んだことを家庭でも活かせるよう、保護者と連携して、生徒が操作しやすい環境、助言の方法、カメラの位置調節などについて確認されています。そして、自宅での活用経験を経て、遠隔授業を実施されています。

　このように、学習環境が変わっても学びの質が保障されるよう、遠隔授業の際に必要となる人的・物的環境を事前に確認されている点が素晴らしいと感じました。

　課題として考えられているタブレット端末の操作に伴う授業への影響については、生徒の実態に応じてアクセシビリティ機能、周辺機器の使用等を検討することが望まれます。このような環境を整えた上で、今後の授業づくりの広がりと深まりに期待しています。　　　　　（藤本　圭司）

21 訪問教育児童と通学して学ぶ児童等との日常交流を習慣化する取組
～分身ロボットを活用したあいさつ交流を通して～

福岡県立柳河特別支援学校　教諭　原　ルミ子

Keywords　①訪問教育　②ICT活用　③交流　④帰属意識

1 目的

　本校は、肢体不自由・病弱（小学部・中学部・高等部）のある児童生徒と視覚障がい（幼稚部・小学部・中学部）のある幼児児童生徒が学ぶ学校です。本校近隣に重症心身障がい児（者）の入所施設があるため、肢体不自由教育部門の小学部児童の多くがその施設に在籍しています。令和4年度は、そのうち4名が訪問教育を受けており、2名ずつの2学級で、それぞれの担任が週3回2校時分（90分）の授業を施設内の教室で行っていました。

　令和4年度は、いまだ「コロナ禍」の影響が強く残り、感染不安による出席の見合わせが多く、数年ぶりに再開されたスクーリングを計画することも難しい状況でした。また、施設でも保護者面会や行事の制限があり、訪問教育児童にとって、「施設外部との交流は、ほぼ訪問授業のみ」という厳しい状況が続いていました。

　そのような中、「訪問教育児童に、本校に通学する児童生徒と交流することで世界を広げ、いろいろな体験をしてほしい。通学する児童生徒にも、彼らのことをもっと知ってほしい」との思いが日々強まっていきました。その思いから、日常的な交流を習慣化するために模索した事例について紹介します。

2 方法

　これまでも、各種ICT機器を活用した交流は行っており、分身ロボットは、本体の視界や動きを操作できるため、より主体的な交流ができることがメリットであると感じていました。しかしながら、児童生徒の登校できる日が限られている環境にあっては計画自体が難しく、当時の交流は不定期で回数も限られるものでした。

　そこで、いつも同じ時間・場所で、決まった内容の交流を行うことを継続し、それを学校全体で習慣化できないかと模索し、次のような方法を考えました。

従来行っていた学部行事での交流

不定期な交流から
日常的な交流へ

・本校の下校時刻に
・児童生徒昇降口で
・分身ロボットを通して
・あいさつ交流を行う

3 実践

（1）研修・準備

　夏休み中に、訪問教育担任2名が分身ロボットについて研鑽した上で、あいさつ交流の準備を進めました。時間帯としては、本校の下校時刻（15：20）を考慮し、午後の訪問授業で「終わりの会」を行っていた時間（14：45～15：00）に設定することにしました。また、4名の訪問教育児童の時間割に合わせて、固定の曜日（火・水・木曜日）に行うことにし、どの児童も週に1回は、あいさつ交流ができるようにしました。また、分身ロボットの「周囲の注目を集めることができる反面、操作側の顔が見えない」というデメリットを補うため、顔写真パネルとオンライン会議システムを備えた「あいさつ交流セット」を作成しました。

あいさつ交流セット

（2）試験的に実施

　2学期に入り、試験的にあいさつ交流を始めることにしました。教員の動きとしては、午後の授業のために本校を出発するときに、分身ロボットを児童生徒昇降口に設置し、交流開始時刻にインターネット接続を行うようにしました。

　実際にあいさつ交流を始めてみると、周知が不十分なため児童生徒が分身ロボットの前を素通りしたり、日によって人通りがほとんどなかったりなど、うまくいかないこともありました。それでも、帰りの会を行いながら人通りを確認したり、時間を延長して行うようにしたりと工夫をしながら、あいさつ交流を継続しました。

（3）習慣化

　2学期の後半になると、多くの児童生徒が分身ロボットの前に立ち止まって声をかける姿が見られるようになりました。そして、ついには「今日はあいさつ交流ある？」「○○さんは？」などと、あいさつ交流を心待ちにしたり、訪問教育児童のことを気に留めたりする声が多く聴かれるようになりました。

　訪問教育児童にとっても、午後からの授業の終わりにあいさつ交流を行うことは、当たり前のこととして定着していきました。人の話し声やスクールバスのエンジン音など、分

身ロボットの立つ児童生徒昇降口の様子がそのまま訪問教室まで伝わり、その様子に笑顔を見せるようになっていました。このように、試行錯誤を経て、訪問教育児童とのあいさつ交流が学校全体に周知され、浸透していきました。

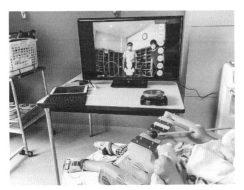

訪問教育児童から見た
分身ロボット操作画面

本校の児童昇降口に
設置した分身ロボット

4 成果と課題

（1）訪問教育児童と本校に通学する児童生徒のつながりの強化

　日常的にあいさつ交流を継続した成果として、あいさつ交流を心待ちにする児童生徒の姿が見られました。また、スクーリングにもいい影響がありました。数年ぶりの実施にもかかわらず、児童生徒だけでなく他の教員や職員まで、訪問教育児童と顔見知りの状態となっていたため、お互いの不安感を軽減することができました。スクーリングで登校した訪問教育児童が、いつも分身ロボットを介して言葉掛けしていた児童生徒や職員に対して、親しみの笑顔を見せている様子には胸が熱くなりました。

４年ぶりにスクーリングに参加する訪問教育児童

（2）訪問教育児童の世界に広がりが生まれる

　あいさつ交流を行うことで、分身ロボットの周囲の様子がそのまま伝わるため、施設内の教室から出ることが難しい訪問教育児童の世界を広げることができました。また、同時

双方向で学校とつながることで、ほぼ担任とのマンツーマン形式だった訪問教育授業にメリハリが生まれ充実したものになりました。

（3）分身ロボットが訪問教育児童を象徴する存在へ

あいさつ交流により、「分身ロボットといえば訪問教育児童」との共通認識が学校全体に広まったところで、いろいろな学校行事に分身ロボットで参加しました。スポーツ大会（フロアカーリング）では、みんなが注目する中、分身ロボットを操作してストーンをいい位置に送り込むと、会場から歓声が上がりました。運動会では、分身ロボットと顔写真パネルで、友達と一緒に小学部の競技に参加することができました。これらの参加を通して、訪問教育児童の活躍を本校に通学する児童生徒に広めることができました。

フロアカーリングのストーンを巧技台より押し出す様子　　　**分身ロボットを介して
スポーツ大会に参加する様子**

**分身ロボットと顔写真パネルで
運動会開会式に参加**　　　**本校児童の車いすに同乗して
小学部競技に参加する分身ロボット**

（4）あいさつ交流を土台として次の段階へ

課題としては、下校時刻が迫る慌ただしい時間帯であるため、名前を言ってあいさつするのみの交流となりがちな傾向があり、より深い交流及び共同学習の設定を工夫していく必要があると感じました。

そうした中で、令和4年度、訪問教育児童は、分身ロボットを介してスポーツ大会に参加しました。これまでは、「見る・応援する」立場での参加だったことを考えると、競技者として出場できたことは本人にとっては大きな前進であり、指導者にとっては指導方法の工夫の重要性を痛感させられた経験となりました。今後とも、分身ロボットをはじめ様々なICT機器を有効に活用することで、児童生徒の豊かな学びを創造していきます。

授業力向上シート

学校名	福岡県立柳河特別支援学校		執筆者名	原　ルミ子

対象学部	幼 ・ 小 ・ 中 ・ 高	学年	2年、3年、5年、6年
集団の人数	1～2人 全校児童生徒	教科	日常生活の指導
単元名	あいさつ交流をしよう	時数等	週3回

概　　要

目　標	訪問教育児童と通学する本校児童生徒が、分身ロボットの活用したあいさつ交流を習慣化することで、訪問教育児童の帰属意識を高め、通学児童生徒が訪問教育児童を知る機会とする。
方　法	本校の下校時刻に、児童生徒昇降口で、分身ロボットを活用したあいさつ交流を日常的に行う。
成果・課題	訪問教育児童と本校に通学する児童生徒のつながりが強まり、訪問教育児童の生活世界が広がった。また、分身ロボットが訪問教育児童を象徴する存在となり、行事で活躍する様子を全校児童生徒に広めることができた。課題としては、あいさつより深い交流及び共同学習を一層考えていく必要がある。
学習指導要領との関連	本単元、日常生活の指導「あいさつ交流をしよう」は、生活科1段階「オ　人との関わり」にある「教師や身の回りの人に気付き、教師と一緒に簡単な挨拶などをしようとすること」を取り扱う内容として構成した。 　また、訪問教育の教育課程の実施にあたり、「障害のため通学して教育を受けることが困難な児童又は生徒に対して、教員を派遣して教育を行う場合については、障害の状況や学習環境等に応じて指導方法や指導体制を工夫し、学習活動が効果的に行われるようにすること」（第1章第4節2）を考慮して教育活動を計画・実施した。

コメント

　本実践は、訪問教育児童が分身ロボットを活用してあいさつ交流を通学児童生徒と行うことで、帰属意識を高め、通学児童生徒も訪問教育児童を知ることができたというものです。以前より病弱教育では分身ロボットの活用が行われていましたが、新型コロナ感染防止の中でオンラインによる授業参加が小学校、中学校、高等学校においても飛躍的に増えました。現在も不登校や病気や入院により登校できない児童生徒がオンラインで授業に参加しています。

　本実践は授業にオンラインで参加するのではなく、分身ロボットで毎日のあいさつ交流を行い、また学校行事に参加し活躍するというものです。おそらく、分身ロボットでは、タブレット端末によるオンラインよりも「場の共有」や「学びの共有」がより進むのだと思います。今後も様々な教育活動に分身ロボットの活用やその他のIT活用を進めて教育の質を深めていくことが期待できます。

（川間　健之介）

22 準ずる教育課程で学ぶ生徒の「できる」を増やす保健体育での取組
～分身ロボットの活用を通して～

福岡県立福岡特別支援学校　教諭　山元　茉衣子

Keywords ①分身ロボット　②コミュニケーション　③自立活動との関連

1 目的

　本校は、肢体不自由（小学部・中学部・高等部）のある児童生徒を対象とした特別支援学校です。教育課程はA類型（準ずる教育課程）、B類型（知的障がいの各教科等を主とする教育課程）、C類型（自立活動を主とする教育課程）、訪問教育の4つの類型で編成しています。

　対象生徒はA類型で学習している、中学部3年生の生徒（以下、生徒A）です。身体の状態は、自分で身体を動かすことや体幹を維持した姿勢をとることが難しく、左右の親指をわずかに動かすことができますが、日常的に仰臥位で過ごしています。意思の表出は、眼球の動きや額の動きによって、「はい」や「いいえ」、「うれしい」などをある程度伝えることができます。また、小学部在籍時から、視線入力装置を活用して文字などを入力でき、会話や学習に取り組めています。さらに、親指と人差し指にはさんだスイッチを使って音声出力機器やタブレット端末を操作し、意思を伝えることもできます。

　これまでも、生徒Aは体育のボッチャの授業に、分身ロボットを活用して取り組んできました。ストレッチャー型車いすに乗っており、身体を起こすことが難しいため、分身ロボットを通してジャックボールの位置を確認することができるようにしていました。また、そばにいる教員の言葉掛けに対して、眼球による動きで応えながらランプの調整を行い、教員と共に手を添えて球を転がすことで、競技に参加していました。

　今回は、分身ロボットをさらに活用して、ランプの向きを伝えたり、球を転がしたりして、積極的に競技に取り組むことを目標に指導に取り組みました。その実践を報告します。

2 実践

（1）コミュニケーションの学習

　生徒Aは中学部2年生のときから、自立活動の時間に分身ロボットを活用してコミュニケーションを取る学習に取り組んできました。コンピュータに接続した視線入力装置で画

面キーボードを操作することで、言葉を伝えたり、分身ロボットのリアクションを交えたりして、別室にいる友達や教員と会話をすることができるようになりました。また、「おはよう」や「そうだね」などといったよく使う言葉をすぐに伝えることができるように、あらかじめ画面キーボードに登録しておきました。

　自立活動のときには、生徒Aが使用するモニターに分身ロボットを通して見える景色と、画面キーボードの2つを表示させる必要がありました。そこで、画面キーボードを透過させることで、1つの画面に両方を表示させ、分身ロボットと画面キーボードの操作をスムーズに行うことができるようにしました（図1）。

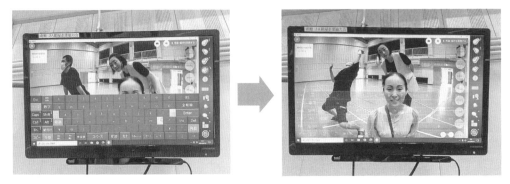

図1　使用モニター画面の変容（左の写真はキーボードを透過したもの）

　同学年の友達だけでなく、他学年や他学部の友達、教員とも話をすることで、緊張しながらも生徒Aは様々な人と会話をする楽しさを感じることができたようで、自分から挨拶をしたり、質問をしたりする姿が増えました。一方で、すぐに返す言葉を思いつかず、じっと考えることがあり、相手側からは生徒Aの様子が見えないこともあって、言葉が伝わっているのかどうか分からないときもありました。

　しかし、学習活動の振り返りの中で、たとえ言葉が少なくても分身ロボットのリアクションだけで相手に意思が伝わり、やりとりを続けていくことができるということを学習していきました。

図2　〈自立活動〉「友達とやりとりをしよう」の様子

（2）分身ロボットのリアクションを生かした学習

　体育の授業では、ストレッチャー型車いすに乗った状態で行うため、センサースイッチとスイッチインターフェイスを使い、タブレット端末を活用して分身ロボットを操作できるようにしました（図3）。移動教室での授業では、いつもタブレット端末を同様の方法で使用しているので、スムーズに操作をすることができました。

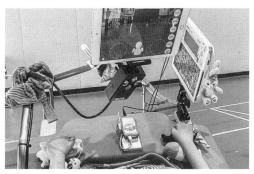

図3　左手のセンサースイッチでタブ
レット端末を操作している様子

　次に、分身ロボットを実際に動かしながら、生徒Aの教員への指示内容と分身ロボットのリアクションを一致させていきました。例えば、ランプを右に向けて欲しいときには、分身ロボットの顔を「右に向ける」、左に向けて欲しいときには、分身ロボットの顔を「左に向ける」、ランプの調整ができたときには「手を上げる」などの合図を決めていきました。その合図に合わせて、教員はランプの向きの調整を行いました。音声出力機器を使って教員に伝えることもできますが、スイッチの操作端末をその都度切り替える必要があるため、分身ロボットのみの操作に集中できるようにしました。生徒Aの負担が減っただけでなく、どのように分身ロボットを操作すれば、相手に指示を伝えることができるか考えるきっかけとなりました。また、視線入力装置を使っての操作と異なり、センサースイッチを使ったタブレット端末の操作では、使用したいボタンのクリックに時間が掛かるため、必要な分身ロボットのリアクションボタンを1画面に表示できるように、ボタンの配置を自分の使いやすい順番に並びかえるようにしました（図4－1、4－2）。

図4－1　使用する際、スクロールが
必要だった

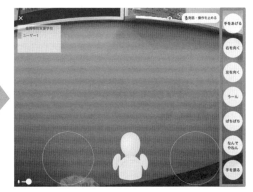

図4－2　使用頻度の高いリアクション
ボタンを上から順に並び替え
た画面

さらに、タブレット端末の画面からジャックボールを狙うことができるように、分身ロボットの正面に固定式のランプを置き、生徒Aがランプの向きを指示し、教員が調整していきました。生徒Aによるランプ調整の終了合図（分身ロボットの「手を上げる」）の後、ランプのボールホルダーにボッチャの球を教員が置くことで、生徒Aが分身ロボットを通して、球を転がせるようにしました（図5）。

　自分で分身ロボットを操作して球を転がすことから、周囲の応援や声を聞いて、ランプの再調整を依頼したり、自分のタイミングで球を転がしたりすることができました。さらには、転がした球の行方をタブレット端末の画面を通して確認することで、次回のランプの調整を考える材料とする様子が見られました。

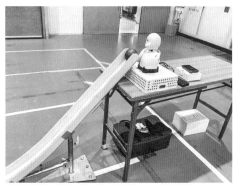 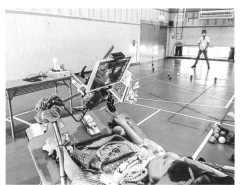

図5　分身ロボットの設置の様子　　　　〈保健体育〉「ボッチャ」の様子

3 成果と課題

　自立活動での分身ロボットを活用したコミュニケーションの学習を基にして、教科学習でも分身ロボットを使うことで、ランプの向きの調整の指示や自分のタイミングでボールを転がすといった、自分で「できる」ことを増やすことができました。このことは、自分で考え、競技に参加することができたという達成感を高めることにつながりました。ランプの調整では、回を重ねるうちに、タブレット端末の画面上のジャックボールをじっくりと見ながら、ランプの向きを考え、教員に指示を伝えようとする姿が見られました。

　また、分身ロボットを活用することで、周囲の生徒にとっても刺激となり、生徒Aに対して応援をしたり、アドバイスをしたりする姿が増えました。周囲の生徒の言葉掛けが増えることで、生徒Aの競技に対する意欲も高めることができました。さらに自分の気持ちを分身ロボットのリアクションを通じて伝えることで、友達と競技の楽しさを共有することもできました。

　今後は、ICT機器のさらなる有効的な活用方法を見出し、他者とのやりとりを深め、他教科においても自分で「できる」実感を味わうことができるようにしていきたいと思います。

授業力向上シート

学校名	福岡県立福岡特別支援学校	執筆者名	山元　茉衣子

対象学部	幼・小・(中)・高	学年	3年
集団の人数	1〜11人	教科	保健体育
単元名	ボッチャ	時数等	16時間

概　　要

目　標	分身ロボットを活用して、ランプの向きを伝えたり、球を転がしたりして、積極的に競技に取り組むことができる。
方　法	・自立活動で、分身ロボットを介したコミュニケーションの学習 ・分身ロボットのリアクションを生かした学習
成果・課題	自立活動の学習を基に教科学習で取り組むことで、自分の「できる」ことを増やすことができた。 　分身ロボットを有効的に活用することで、周囲の生徒にとっても刺激となり、競技の楽しさを共有することができた。
学習指導要領との関連	中学校保健体育の体育分野第3学年の「運動についての自己や仲間の課題を発見し、合理的な解決に向けて思考し判断するとともに、自己や仲間の考えたことを他者に伝える力を養う」や「学校における自立活動の指導は、障害による学習上または生活上の困難を改善・克服し、自立し社会参加する資質を養うため、自立活動の時間はもとより、学校の教育活動全体を通じて適切に行うものとする」（特別支援学校小学部・中学部学習指導要領第1章第2節2（4））を考慮してICT機器を活用したり、自立活動と関連させたりして、主体的に活動に取り組むことができるように工夫した。

コメント

　本実践のすばらしい点は、以下の2つだと考えます。
①複数のICT機器を組み合わせて活用することで、より深くコミュニケーションを図ることができたこと。
②結果が即時にフィードバックされるスポーツ競技の中で、コミュニケーションの成立を考え、自ら工夫する力が引き出されたこと。

　コミュニケーションの手段として、言葉や文字のやりとりはたいへん重要です。しかし、実際の生活場面では、円滑にコミュニケーションを図る際には表情や身振りなどが大きな役割を果たしています。ボッチャでランプの操作ではとりわけ、身振りでのやりとりが行われます。分身ロボットの活用で、身振りや表情の活用が「より正確伝わる」ということを考え、実感できたことで、コミュニケーションの深さを学べたのではないでしょうか。

　より多くの人とかかわり、社会参加する機会を広げていくため、高等部では「eスポーツ」に挑戦してみてはいかがでしょうか。　　　　　　　　　　　　　　　　　　　（長沼　俊夫）

執筆者一覧 （令和5年度）

巻頭のことば

伴　　光明　　全国特別支援学校肢体不自由教育校長会　会長

第1部　理論及び実践編

1　菅野　和彦　　文部科学省初等中等教育局視学官（併）特別支援教育課特別支援教育調査官
2　吉川　知夫　　国立特別支援教育総合研究所　上席総括研究員（兼）研修事業部長
3　金森　克浩　　帝京大学　教授

第2部　実践編

1　川前　　寛　　大阪府立中津支援学校　教諭
2　波村　幸子　　熊本県立熊本かがやきの森支援学校　講師
3　三木　容子　　大阪府立堺支援学校　教諭
4　宇賀　功二　　大阪府立中津支援学校　首席
5　荒井　　諒　　東京都立八王子東特別支援学校　教諭
6　滝本　里夏　　静岡県立中央特別支援学校　教諭
7　渡邉　亜衣　　東京都立府中けやきの森学園　教諭
8　西　　明子　　東京都立あきる野学園　主任教諭
9　熊地　勇太　　秋田県立秋田きらり支援学校　教諭
10　袖山　慶晴　　東京都立墨東特別支援学校　主幹教諭
11　伊藤　　文　　高知県立高知若草特別支援学校　教諭
12　佐藤　秀平　　静岡県立中央特別支援学校　教諭
13　吉田　暁彦　　岡山県立岡山支援学校　教諭
14　髙橋　麻由　　富山県立高志支援学校　教諭
15　松田めぐみ　　北海道真駒内養護学校　教諭
　　田辺　絵里　　北海道真駒内養護学校　自立活動教諭
16　三好　亮子　　東京都立水元小合学園　主任教諭
17　松浦　祐介　　岐阜県立関特別支援学校　教諭
18　富樫　孝一　　東京都立花畑学園　主任教諭
19　佐藤結希乃　　東京都立府中けやきの森学園　教諭
　　山下さつき　　東京都立府中けやきの森学園　指導教諭
20　岡澤　　宏　　新潟県立上越特別支援学校　教諭
21　原　ルミ子　　福岡県立柳河特別支援学校　教諭
22　山元茉衣子　　福岡県立福岡特別支援学校　教諭

コメンテーター

　　川間健之介　　筑波大学　教授・筑波大学附属大塚特別支援学校長
　　徳永亜希雄　　横浜国立大学　教授
　　長沼　俊夫　　日本体育大学　教授
　　北川　貴章　　文教大学　准教授
　　藤本　圭司　　国立特別支援教育総合研究所　研修事業部　主任研究員
　　織田　晃嘉　　国立特別支援教育総合研究所　情報・支援部　主任研究員

肢体不自由教育実践 授業力向上シリーズ

授業力向上シリーズNo.1
学習指導の充実を目指して

『肢体不自由教育実践　授業力向上シリーズ』第1巻。肢体不自由特別支援学校の教育課程、個別の指導計画や指導の工夫などについて解説。全国の肢体不自由特別支援学校で取り組んでいる授業改善の実践22事例を紹介。

監修：分藤 賢之・川間 健之介・長沼 俊夫
編著：全国特別支援学校肢体不自由教育校長会
■B5判　132頁　　■2013年11月発行
■定価：1,870円（税込）　■ISBN978-4-86371-243-0

授業力向上シリーズNo.2
解説 目標設定と学習評価

特別支援学校における学習評価の考え方、妥当な指導目標と内容を考え、目標設定と学習評価の工夫になどを解説。学習評価の観点から授業改善を考えます。全国から選出された授業改善の取組25事例を4つのカテゴリーに分類して紹介。

監修：分藤 賢之・川間 健之介・長沼 俊夫
編著：全国特別支援学校肢体不自由教育校長会
■B5判　154頁　　■2014年11月発行
■定価：1,980円（税込）　■ISBN978-4-86371-287-4

授業力向上シリーズNo.3
解説 授業とカリキュラム・マネジメント

「カリキュラム・マネジメント」をキーワードに、各授業や個別の指導計画のPDCAサイクルを通した学習評価、それに基づく教育課程の検討などについて解説。全国から選出された授業改善の取組25事例を8つのカテゴリーに分けて紹介。

監修：分藤 賢之・川間 健之介・長沼 俊夫
編著：全国特別支援学校肢体不自由教育校長会
■B5判　144頁　　■2015年11月発行
■定価：1,980円（税込）　■ISBN978-4-86371-329-1

授業力向上シリーズNo.4
「アクティブ・ラーニング」の視点を生かした授業づくりを目指して

「アクティブ・ラーニング」の視点とはどのようなものか、特別支援学校の授業でどう取り入れたらよいかを解説。授業改善の取組25事例を通して、「主体的な学び」「対話的な学び」「深い学び」の視点を生かした今後の授業づくりを考えます。

監修：分藤 賢之・川間 健之介・長沼 俊夫
編著：全国特別支援学校肢体不自由教育校長会
■B5判　136頁　　■2016年11月発行
■定価：1,980円（税込）　■ISBN978-4-86371-386-4

授業力向上シリーズNo.5
思考力・判断力・表現力を育む授業

新学習指導要領に示された育成すべき資質・能力の柱の一つ『「思考力・判断力・表現力」を育む授業づくり』をキーワードに、新学習指導要領改訂のポイントを解説するとともに、授業改善の実践24事例を紹介。よりよい授業づくりの参考に。

監修：分藤 賢之・川間 健之介・北川 貴章
編著：全国特別支援学校肢体不自由教育校長会
■B5判　128頁　　■2017年11月発行
■定価：1,980円（税込）　■ISBN978-4-86371-443-4

授業力向上シリーズNo.6
新学習指導要領に基づく授業づくり

肢体不自由特別支援学校に在籍する重複障害のある児童生徒の学びの連続性に着目し、重複障害者等に関する教育課程の取扱い等について、新学習指導要領に基づき解説。全国から選出された授業実践24事例も紹介。

監修：菅野 和彦・川間 健之介・吉川 知夫
編著：全国特別支援学校肢体不自由教育校長会
■B5判　128頁　　■2018年11月発行
■定価：1,980円（税込）　■ISBN978-4-86371-482-3

授業力向上シリーズNo.7
新学習指導要領に基づく授業づくりⅡ

平成31年2月公示の特別支援学校高等部学習指導要領のポイントを解説するほか、「新しい時代に必要となる資質・能力の育成」「学習評価の考え方」などの側面から、肢体不自由教育の現状と課題を論説。授業実践25事例も紹介。

監修：菅野 和彦・川間 健之介・下山 直人・吉川 知夫
編著：全国特別支援学校肢体不自由教育校長会
■B5判　140頁　　■2019年11月発行
■定価：1,980円（税込）　■ISBN978-4-86371-514-1

授業力向上シリーズNo.8
遠隔教育・オンライン学習の実践と工夫

各校がこれまで積み重ねてきた遠隔教育の実践やコロナ禍におけるオンライン授業の工夫などを特集。教育のICT化、GIGAスクール構想を解説するほか、学校経営の視点での遠隔学習システムの活用の実際なども紹介。

監修：菅野 和彦・下山 直人・吉川 知夫
編著：全国特別支援学校肢体不自由教育校長会
■B5判　144頁　　■2020年12月発行
■定価：1,980円（税込）　■ISBN978-4-86371-564-6

シリーズ第1号の発刊から10年

平成から令和にかけて積み重ねてきた
肢体不自由教育の授業実践の集大成！

授業力向上シリーズNo.10
学びの連続性を目指す授業づくり

　より良い授業を目指す先生のために、シリーズ最新刊をお届けします。

　記念すべき10号は、文部科学省初等中等教育局視学官による教育課程の解説をはじめ、本シリーズ草創期からの歴代特別支援教育調査官による特別寄稿のほか、肢体不自由教育の研究者・実践家の協力を得て、全国特別支援学校肢体不自由教育校長会が総力を上げて編集。

　全国から選出された20の実践事例には、授業の概要を記した「授業力向上シート」を付け、「学習指導要領との関連」を明確にしました。

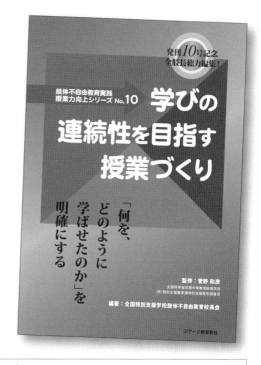

肢体不自由教育実践
授業力向上シリーズ No.10
発刊10号記念
全肢長総力編集！
**学びの
連続性を目指す
授業づくり**
「何を、どのように学ばせたのか」を明確にする

監修：菅野 和彦
文部科学省初等中等教育局視学官
(併)特別支援教育課特別支援教育調査官
編著：全国特別支援学校肢体不自由教育校長会

ジアース教育新社

監　　修：菅野　和彦 編集協力：下山　直人・分藤　賢之・川間健之介・徳永亜希雄・ 　　　　　長沼　俊夫・金森　克浩・吉川　知夫・北川　貴章 編　　著：全国特別支援学校肢体不自由教育校長会	■B5判　144頁 ■定価：2,090円（本体1,900円＋税10%） ■ISBN978-4-86371-644-5

肢体不自由教育実践
授業力向上シリーズ No.9
**新しい
肢体不自由教育への
希求**
監修　菅野 和彦・下山 直人・長沼 俊夫・吉川 知夫
編著　全国特別支援学校肢体不自由教育校長会

ジアース教育新社

授業力向上シリーズNo. 9
新しい肢体不自由教育への希求

　理論及び解説編では、指導計画に着目した授業改善への期待と、特別支援教育をめぐる国の最新動向を解説するほか、日本の肢体不自由教育学校の歴史を踏まえて、これからの教育のあるべき姿を探ります。

　実践編では、全国の肢体不自由特別支援学校から選出された15の授業改善事例を掲載。また、特集として、人工呼吸器を使用した児童生徒の事例（5事例）と、食に関する1事例を紹介します。

監修：菅野 和彦・下山 直人・長沼 俊夫・吉川 知夫 編著：全国特別支援学校肢体不自由教育校長会 ■B5判　148頁 ■定価：1,980円（本体1,800円＋税10%）	 ■2022年2月発行 ■ISBN978-4-86371-612-4

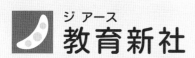

ジアース
教育新社

〒101-0054　東京都千代田区神田錦町1-23 宗保第2ビル
電　話　03-5282-7183／ＦＡＸ　03-5282-7892
E-mail　info@kyoikushinsha.co.jp
ＵＲＬ　https://www.kyoikushinsha.co.jp/

肢体不自由教育実践　授業力向上シリーズ No.11

Society5.0 で実現する社会を見据えた 肢体不自由教育

GIGA スクール構想と支援機器等の活用による教育実践

令和 5 年 11 月 4 日　第 1 版第 1 刷発行

監　修　　菅野 和彦
　　　　　（かんの　かずひこ）
編　著　　全国特別支援学校肢体不自由教育校長会
発行人　　加藤 勝博
発行所　　株式会社ジアース教育新社
　　　　　〒 101-0054　東京都千代田区神田錦町 1-23　宗保第 2 ビル
　　　　　TEL　03-5282-7183　　　FAX　03-5282-7892
　　　　　URL　https://www.kyoikushinsha.co.jp/

表紙デザイン　　宇都宮 政一
本文デザイン　　株式会社彩流工房
印刷・製本　　　アサガミプレスセンター株式会社

Printed in Japan

ISBN978-4-86371-672-8